Kluy | Clint Eastwood. 100 Seiten

* Reclam 100 Seiten *

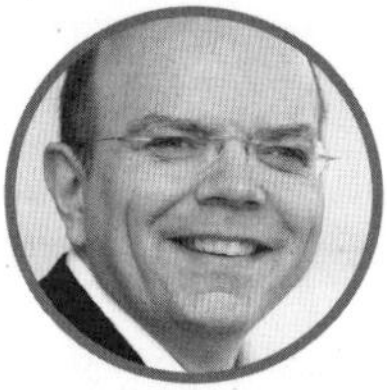

ALEXANDER KLUY, geb. 1966, ist Journalist, Autor und Herausgeber vieler Bücher. Er schreibt regelmäßig für *Der Standard*, *Buchkultur* und *Psychologie Heute*. Zuletzt erschien von ihm bei Reclam *Alfred Hitchcock. 100 Seiten.*

Alexander Kluy

Clint Eastwood. 100 Seiten

Reclam

2020 Philipp Reclam jun. GmbH & Co. KG,
Siemensstraße 32, 71254 Ditzingen
Umschlaggestaltung nach einem Konzept von zero-media.net
Infografik (S. 50 f.): annodare GmbH, Agentur für Marketing
Bildnachweis: vor S. 1, S. 11, S. 87: © Pictorial Press Ltd / Alamy Stock Foto; S. 25: © United Archives GmbH / Alamy Stock Foto; S. 33: © MARKA / Alamy Stock Foto; S. 37: © ScreenProd / Photononstop / Alamy Stock Foto; S. 69: © Entertainment Pictures / Alamy Stock Foto; S. 77: © TCD / Prod.DB / Alamy Stock Foto; S. 93: © LANDMARK MEDIA / Alamy Stock Foto
Druck und Bindung: Kösel GmbH & Co. KG,
Am Buchweg 1, 87452 Altusried-Krugzell
Printed in Germany 2020
RECLAM ist eine eingetragene Marke
der Philipp Reclam jun. GmbH & Co. KG, Stuttgart
ISBN 978-3-15-020531-0

Auch als E-Book erhältlich

www.reclam.de

Für mehr Informationen zur 100-Seiten-Reihe:
www.reclam.de/100Seiten

Inhalt

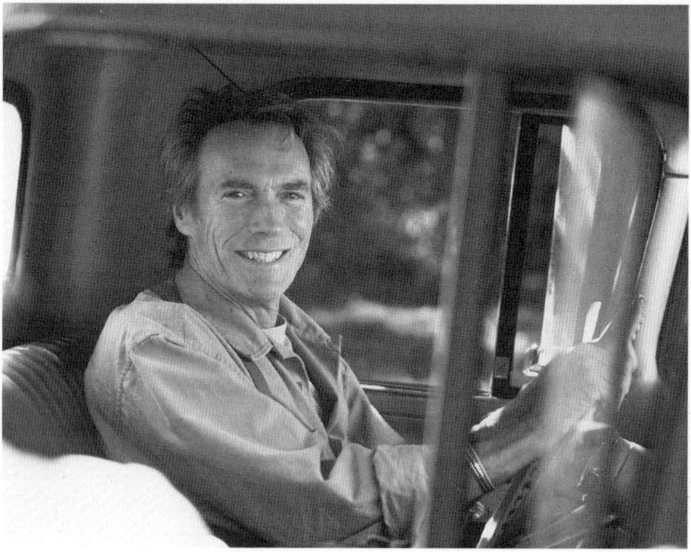

Clint Eastwood 1995 in *Die Brücken am Fluss* (lächelnd!)

»If you want a guarantee buy a toaster.« – Die Anfänge

Es wurde immer kurioser, als ich den Namen »Clint Eastwood« fallen ließ.

Die eine sagte: »Hat der nicht *Brücken am Fluss* gedreht? Das war ein wirklich toller Film.« »Mit Meryl Streep.« »Ja – die ist einfach *groß*artig!«

> »Ich liebe jeden Aspekt des Filmemachens, und ich denke, das ist meine Lebensaufgabe.«
> Clint Eastwood

Der Zweite: »Dieser Western, wie hieß der noch? Der lief doch bei 3Sat oder Arte, *Hängt ihn höher*, der ist doch auch von ihm, oder?«

Nummer drei: »Ich sage nur: ›Spaghetti Western‹! Wie hieß er da noch mal – Brandy? … Blandy?« »Blondie. *Zwei glorreiche Halunken.*« »Genau. Und der andere, der hieß wie … wie … – wie Taco, nur anders. Hat der nicht auch in *Psycho* mitgespielt?« »Tuco. Ah, und du verwechselst da was. Den Tuco hat Eli Wallach gespielt. Und in *Psycho* war Martin Balsam der Detektiv, der die Treppe runterfällt, mit dem Messer im Auge.« »Ah, danke.«

Die Erste: »Ist von dem nicht auch *Gran Torino*? Wo er diesen Alten spielt, in dieser Nachbarschaft, die vor die Hunde geht, und wo er am Ende stirbt? Dirty Harry in alt, aber ganz anders als Dirty Harry. Und *Million Dollar Baby*?! Das ist doch auch von ihm, oder?«

Ich warf noch die Stichworte *Der Texaner* (keine Reaktion) und Magnum (die Handfeuerwaffe, nicht der Privatdetektiv im Hawaiihemd) ein. Das Clint-Eastwood-Quiz wurde merklich ruhiger. Weil die anderen nicht mehr mitkamen:

Wie viele *Dirty-Harry*-Filme gab es eigentlich? Und in welchem schoss er mit einer Harpune? (Fünf; und: im letzten, *Das Todesspiel*.)

Drehte er nicht auch einen Kriegsfilm, bei dem die Helden gar keine Helden sind? (*Flags of Our Fathers* erzählt den Kampf, besser: die Schlächterei während des Zweiten Weltkriegs um die winzige Pazifikinsel Iwojima aus US-amerikanischer Perspektive. Und gleich im Anschluss drehte Eastwood mit *Letters from Iwo Jima* die Geschichte ein weiteres Mal, aus japanischer Perspektive.)

Und was mit einem Affen? (Es war ein Orang-Utan. Und es waren zwei verschiedene Orang-Utans. Und zwei Filme. *Der Mann aus San Fernando*. Und *Mit Vollgas nach San Fernando*.)

Gab es da nicht auch etwas mit einem Flugzeug? (*Sully*)

Und mit einem Raumschiff und Astronauten im Rentneralter, die ins All fliegen – da war doch auch der aus *Auf der Flucht* dabei? (*Space Cowboys*; und, ja, die zweite Hauptrolle übernahm Tommy Lee Jones.)

Hat Eastwood eigentlich jemals Oscars bekommen? (Hat er. Vier.)

Und dreht Eastwood eigentlich immer noch? Wie alt ist der inzwischen? (Aber ja. 2018 realisierte er *The Mule*, bei dem er Hauptdarsteller, Regisseur und Produzent war, wenige Wochen nach seinem 88. Geburtstag; und im Dezember 2019 lief *Richard Jewell* [Regie: Eastwood] in den US-Kinos an.)

Die Fragen wurden ab der nächsten Runde schwieriger, bald saßen sie da, ratlos, überrascht vom Spektrum an Filmen, Rollen, Themen und Motiven, das sich nach und nach entfaltete, erst die letzte Frage wurde richtig beantwortet:

Wie hieß der erste Liebesfilm, bei dem Eastwood Regie führte? Wie der Regisseur, von dem er sich Effizienz beim Drehen abschaute? Wie lautete der dümmliche deutsche Titel von *Play Misty for Me*? Und was spielte Eastwood darin: einen Gärtner, einen Radiomoderator oder (Suggestivfrage) einen Polizeiinspektor? In welchem Film verkörperte er einen Prediger und wurde um ein Haar von einem jungen Kerl in einem Sportwagen überfahren, der drei Jahre zuvor, mit 20, schon für einen Oscar nominiert worden war? Und welcher Schauspieler durfte bei Eastwood einen fiesen Psychopathen spielen, obwohl er ansonsten auf Klamauk und sentimentale Geschichten mit Tieren und Töchtern festgelegt war, und machte das zum Fürchten gut? Zum Schluss gab es eine leichtere Frage: Welchen hart trinkenden Filmregisseur verkörperte Clint Eastwood in einer Film-Hommage, einem seiner persönlichen Lieblingsfilme, der an den Kinokassen floppte? Kleiner Tipp: Dieser Regisseur hatte mehrfach mit Humphrey Bogart zusammengearbeitet und mit diesem unter anderem *Die Spur des Falken* und *Gangster in Key Largo* gedreht.

(Hier die Auflösung: *Begegnung am Vormittag / Breezy*. Don Siegel. *Sadistico – Wunschkonzert für einen Toten*. Radiomoderator. *Die Letzten beißen die Hunde / Thunderbolt and Lightfoot* und Jeff Bridges. Jeff Daniels. Und: John Huston.)

*

Einige Regisseure, formulierte der Filmkritiker Pascal Mérigeau zum Niederknien schön, machen Filme in der Art und Weise, wie sie denken, andere, wie sie träumen – er meinte Federico Fellini –, wieder andere so, wie sie sprechen (und traf damit den New Yorker Martin Scorsese ziemlich genau).

Clint Eastwoods Filme, analysiert Mérigeau, seien hingegen so, wie er geht. Natürlich, ungezwungen, mit Schritten, die abgemessen, aber nicht zwanghaft kalkuliert sind, Schritte, die eher über den Boden gleiten als ihn berühren – und dies, während er mit einem warmen und ruhigen Blick alles um sich herum in Augenschein nimmt, dabei leicht lächelt, wobei das Lächeln nicht ironisch ist und auch nicht distanziert-distanzierend, sondern signalisiert: Hier hat jemand viele Gedanken im Kopf und spricht nur einen Bruchteil davon aus. Und das seit Jahrzehnten.

Denn mit seiner Karriere hat Clint Eastwood mittlerweile Rekorde aufgestellt. Seit mehr als sechs Jahrzehnten ist er in Hollywood aktiv. Er ist der letzte Regisseur bedeutender Westernfilme der 1960er, 1970er und 1980er Jahre, der im 21. Jahrhundert noch arbeitet. Er ist der erfolgreichste Schauspieler-Regisseur-Produzent der Filmgeschichte. Der *Rolling Stone*-Journalist Tim Cahill rechnete das 1985 aus – ohne zu ahnen, dass die Karriere 35 Jahre später noch immer nicht vorbei wäre –: »Seit 1955 haben seine 40 Filme mehr als 1,5 Milliarden US-Dollar eingespielt, eine Zahl, die an das Bruttosozialprodukt von Ländern wie Malta, Mauretanien, den Niederländischen Antillen, Ruanda, Tonga, Togo, dem Tschad und Lesotho heranreicht«. Allein im Jahr 1988 machten Eastwoods Filme beim Jahresumsatz von Warner Bros. 18 Prozent aus.

»I'm a storyteller.« So bezeichnet sich Clint Eastwood gern. Als Geschichtenerzähler. Und tatsächlich: Seine Filme handeln vom Geschichtenerzählen. Von Dramen. Auch von den Dramen des Alterns und damit einhergehender Veränderungen des Blicks auf die Welt, die Menschen und deren Beziehungen zu- und untereinander. Und vom Tod. Letzteres auch durch Gewalt. Dinge, die sich bei Eastwood berühren, in Brechungen, in Brüchen. In der Verschmelzung von Genres, von *cop movie* und Western etwa, verhandeln sie zugleich ihre eigene Zeit. Sind deren Spiegel und Zerrspiegel. In gewaltaffiner Übertreibung. In detailgetreuer Abbildung. Und: mit emotionalem Tiefgang.

Keineswegs übertrieben ist der Untertitel von David Sterritts Monographie *The Cinema of Clint Eastwood*: »Chronicles of America«. Amerikanische Chroniken, das sind Eastwoods Filme. Americana. Amerikanische Passionsgeschichten. Die aber nicht erst seit 1992, seit *Erbarmungslos* (*Unforgiven*), globale Themen verhandeln, hochmoralische und philosophische. So ist es nur folgerichtig, dass amerikanische Filmwissenschaftler einen Band der *Philosophie* Clint Eastwoods widmeten.

Sind die Figuren, die Helden, die Eastwood spielt, nicht ambivalent, oft angeknackst oder gebrochen? Ja, sind es überhaupt noch *Helden*? »Von Beginn an«, schreibt Georg Seeßlen, »lebt und kämpft der Eastwood-Held auf des Messers Schneide, er ist ein ebenso verzweifelter Dissident wie militanter Rechtsanarchist; zur Selbstjustiz braucht er nicht einmal solche ideologischen und sentimentalen Legitimationen wie Charles Bronson. Er schießt Menschen tot, das ist seine Passion. Aber während er das tut, lässt er uns in seine Abgründe blicken, die nicht die seinen allein sind.« Die Western- und Polizisten- und Familien- und die amerikanischen Helden – alles Abgründe. Alles Abgesänge auf Männlichkeit, auf Gefühls- und Gewaltanarchie, auf Selbstjustiz und *loner*-tum? Oder Lobgesänge?

Mit großer ökonomischer Raffinesse – zeitökonomische Effizienz schlägt sich beim Regisseur Eastwood in bemerkenswert kurzen Drehzeiten nieder, 35 bis höchstens 39 Tage – wechseln sich bei ihm kommerzielle Arbeiten ab mit Filmen, die thematisch eher riskant anmuten.

Zugleich verhilft er Schauspielerinnen und Schauspielern zu Glanzrollen: Hilary Swank in *Million Dollar Baby* (2004), Kevin Costner in *A Perfect World* (1993), Forrest Whitaker in *Bird* (1988), Tim Robbins in *Mystic River* (2003) oder Jeff Daniels in *Blood Work* (2002), einem Film, den die Kritik nicht mochte, unverdientermaßen, wie ich finde, und das Publikum auch nicht, was ich für noch unverständlicher halte. Und mehrfach Morgan Freeman.

Filmpartner wie Telly Savalas, Gene Hackman oder John Malkovich nutzten seinen kaum einen Gesichtsmuskel verziehenden Stoizismus, um exzessiv dagegenzuhalten. Die New Yorker Filmkritikerin Pauline Kael, die Eastwoods Filme mit Hohn begleitete, stufte ihn einmal als Absolventen der Mount Rushmore School of Acting ein, der Mount-Rushmore-Schauspielschule, womit sie das gewaltige Bergmonument in South Dakota meinte, aus dem steinerne Riesenköpfe von vier US-Präsidenten herausgeschlagen wurden.

»The Last of the Independents«. Als dies Don Siegel 1973 in seinem Film *Der große Coup* (*Charley Varrick*) auf den Firmenwagen Varricks, verkörpert von Walter Matthau, pinseln ließ, hätte er damit noch nicht den damals 43-jährigen Eastwood, mit dem er mehrfach zusammengearbeitet hatte, meinen können. Heute schon. Denn seine Filmproduktionsgesellschaft Malpaso gründete Eastwood 1967. Seitdem gibt es diese kleine, unabhängige Firma, ohne Unterbrechung und ohne Arbeitspause. Ihr Büro war bis Mitte der 1970er Jahre auf dem Produktionsgelände der Universal, seither bei Warner Bros. angesiedelt. Im Lauf von über 50 Jahren hat Eastwood ein friktionslos eingespieltes Team um sich geschart. Was Schauspieler, die zum ersten Mal mit ihm arbeiteten, staunen ließ, und waren sie auch schon so lange im Geschäft wie Ed Harris:

> Mit Clint Eastwood zu arbeiten, war, wie mit einer gut geölten Maschine zu arbeiten. Um ihn sind all diese Leute, mit denen er schon so lange zusammenarbeitet. Ich glaube, ich kann mich ehrlich nicht daran erinnern, täglich länger als bis vier Uhr nachmittags gearbeitet zu haben. Und wir haben nie mehr als zwei Takes gebraucht.

Diese Vertrautheit lässt sich an Beispielen festmachen. Seit den frühen Siebzigern hat Eastwood mit nur drei Kameramännern zusammengearbeitet, mit Bruce Surtees, Jack N. Green und Tom Stern. Er vertraute nur vier Cuttern: erst Ferris Webster, dann über 30 Jahre lang Joel Cox plus Gary D. Roach und 2016 Blu Murray, Sohn eines Sound Editors, der seinerseits seit langem zum Eastwood-Team gehört. Von 1973 bis 2006 war nur ein Production-Designer für ihn tätig, der 1915 geborene Henry Bumstead. Und von 1982 bis 2006 nur eine Casting-Direktorin, Phyllis Huffman.

*

Eine Promenade durch seine Filmographie und sein Leben zeigt auf, welche Motive sein gesamtes Werk durchziehen. Wie er mit *teme* hantiert hat. Wie er mit *variazioni* umgegangen ist. Wie er sie ausdauernd ausgebaut, revidiert, anderes aus ihnen und aus sich herausgeholt hat. Wie er sie demontiert und ins Existenzielle umgewendet hat. Überraschen dürfte bei dieser Film-Revue, wie hoch die Höhepunkte dieser mehr als Halbhundertjahr-Karriere sind, aber auch dass es künstlerische Dürreperioden gab.

Wohl noch überraschender dürfte sein, dass er, als Konservativer in Hollywood eher politischer Außenseiter – unrühmlicher Tiefpunkt war ein skurriler Auftritt im Jahr 2012 auf der Republican National Convention, dem Landesparteitag der Republikanischen Partei der USA, bei dem er auf dem Podium einen leeren Stuhl ins Kreuzverhör nahm, der Präsident Obama verkörpern sollte (sehr rasch bedauerte Eastwood diese spontane Idee und nannte den Auftritt »this silly thing«) –, in nicht wenigen Filmen liberale Positionen einnimmt, freiheitliche und individualistische, nicht nur gemeinschaftsstützende, sondern gemeinschafts*kreierende* und jeder Gewalt zuwiderlaufende.

Kindheit, Familie, Karriereanfänge

Gewaltlos fing alles an, sehr normal. Im Kleinbürgertum, das von Weltwirtschaftskrise und der Rezession im Amerika der 1930er Jahre gebeutelt wurde. So auch die Familie von Clinton Eastwood Junior, geboren am 31. Mai 1930 in San Francisco. Sein Vater zog mit der bald vierköpfigen Familie – Clints Schwester Jeanne wurde im Januar 1934 geboren – durch Kalifornien von Ort zu Ort und nahm unterschiedlichste Jobs an. 1940 schließlich kamen die Eastwoods finanziell zu etwas Sicherheit und ließen sich in der Kleinstadt Piedmont (Einwohnerzahl damals: 9844 Seelen) nahe Oakland nieder. Dort besuchte Clinton jr. Grund- und Mittelschule, notenmäßig wenig aufregend. Viel aufregender waren für den 1,93 Meter langen, sehr sportlichen, sehr schlanken Clint die Mädchen. Nach der High School hangelte er sich von Job zu Job, arbeitete als Rettungsschwimmer oder Aushilfstankwart. Seine Vorstellungen von Zukunft, einschließlich der eigenen, waren diffus. 1950 musste er beim Militär einrücken. In Fort Ord an der Bucht von Monterey wurde er als Schwimmlehrer eingesetzt. Im Frühjahr 1951 war der Militärdienst vorbei, er heuerte als Rettungsschwimmer in Seattle an. Anschließend zog der Anfangszwanziger nach Los Angeles und schrieb sich am dortigen City College für Wirtschaft ein. Er lernte Margaret Neville Johnson kennen. Sie heirateten eine Woche vor Weihnachten 1953. Die Schauspielerei hatte der durchtrainierte Schlaks schon immer interessant gefunden. Ein Fotograf überredete ihn, bei der Filmgesellschaft Universal-International vorzusprechen, die ein Ausbildungsprogramm für junge Talente aufgelegt hatte. Im April 1954 wurde er in dieses Programm aufgenommen. Nun bekam er 75 US-Dollar wöchentlich für 40 Wochen des Jahres. Fast ebenso viel verdiente er nebenbei, indem er bei Erdarbeiten für den Bau von Swimmingpools mitschaufelte. Eastwood erhielt Sprech- und Schauspielunterricht. Von den sportlichen Unterrichtungen wurde er nicht gefordert – er war schon ein guter Reiter und Läufer, ein exzellenter Schwimmer ohnehin. Sehr bald wurde er in Filmen besetzt. Aber in was für welchen, samt und sonders B-Streifen! Im Ritterfilm *Die nackte Geisel* (*Lady Godiva of Coventry*,

1955) war er ein (lächerlich überlanger) namenloser Sachse, in Jack Arnolds *Die Rache des Ungeheuers* (*Revenge of the Creature*, 1955) ein Laborassistent, in *Tarantula!* (1955) erkannte man ihn als Bomberpilot, der eine Riesenspinne mit Napalm zu töten hatte, kaum, verhüllten doch Helm und Atemmaske sein Gesicht.

> Als ich als Schauspieler anfing, nannten mich die Sekretärinnen alle Coop, weil sie dachten, ich würde wie Gary Cooper aussehen, so eine Art Retro-Junge – ein paar Jahre früher. Aber [James] Cagney [war eigentlich mein Vorbild] … Ich habe James Cagneys Stil und seine Energie immer gemocht. Er hatte vor gar nichts Angst. (Clint Eastwood)

Jahrzehnte später schilderte Eastwood diese Zeit:

> Ich war der Typ, der in die Palisaden gerannt kam und rief: »Es brennt!« Oder vielleicht öffnete ich auch erst die Tür zum Laboratorium und rief dann: »Es brennt!« Ich kam rein, ging raus und das war es schon. Ich verschwand auf Nimmerwiedersehen! Niemals wurde ich erschossen oder starb oder etwas Ähnliches.

Im Oktober 1955 lief sein Kontrakt aus. Und wurde nicht verlängert. Eastwood flog am selben Tag raus wie sein Kollege und Bekannter Burt Reynolds. Die Begründung des Studiomanagers war unverblümt: Eastwood habe einen zu großen Adamsapfel und Reynolds nicht einen Funken Talent. Eastwood war jetzt ein »free agent«. Und ergatterte marginale Nebenrollen in Fernsehserien oder Filmen, die alle vergessen sind. In *Nur Du allein* (*Never Say Goodbye*, 1956) hatte er einen Dialog mit dem

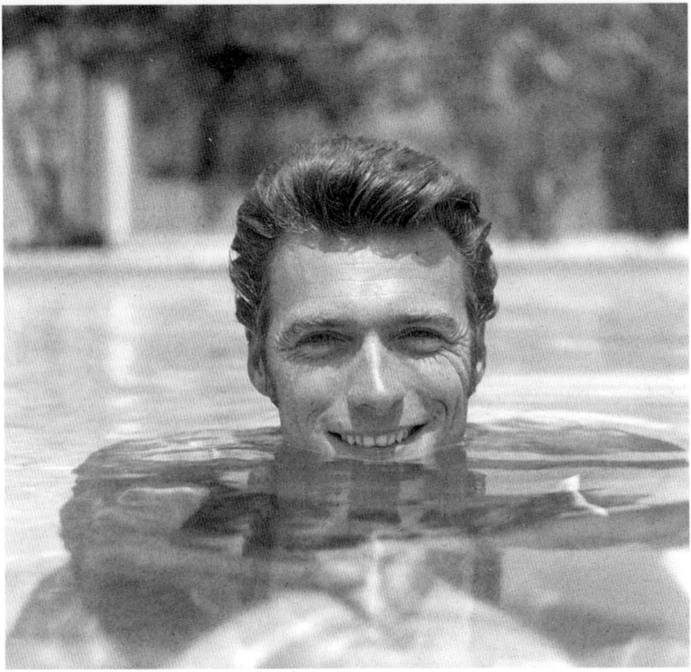

Der junge Eastwood, schwimmend (1960)

Star des Films, mit Rock Hudson, der längere und wichtigere Satz (von zweien) lautete: »Telefon, Doktor Parker!« Tiefpunkt war 1958 ein von Jodie Copeland inszenierter B-, eher C-Western, *Ambush at Cimarron Pass.* Eastwood wurde an dritter Stelle im Vorspann genannt. Das Ganze wurde binnen einer Woche im San Fernando Valley runtergekurbelt. Das Budget war so knapp, dass Copeland nur kurz Leute bezahlen konnte, die die Pferde versorgten. Also wurden die Huftiere gleich zu

Anfang des Films entführt. Das Ganze war so schlimm, dass es Eastwood noch Jahre später schauderte: »Ich hätte danach beinahe aufgehört. Der Film wurde in etwa acht Tagen gedreht. Dreharbeiten wie im Irrenhaus. Es könnte der lausigste Western sein, der je gedreht wurde.« Denn: »Die Kameraarbeit war die uneinheitlichste, die ich je gesehen hatte. In der einen Minute war sie so hell, dass man eine Sonnenbrille brauchte, um auf die Leinwand zu schauen, in der nächsten Sekunde war die Kopie so dunkel, dass man fast nichts mehr sah.«

Und dann sah ihn, so will es die Legende, 1958 in der Kantine des Fernseh-Networks CBS ein leitender Mitarbeiter einer in Vorbereitung befindlichen Western-Serie, dachte »idealer Cowboydarsteller!« und lud ihn zu einer Testaufnahme. Der Rest ist *Rawhide.* Und mehr noch: Der Rest ist Mythos.

Rawhide

Keep rollin', rollin', rollin'
Though the streams are swollen.
Keep them dogies rollin',
Rawhide!
Through rain and wind and weather,
Hell bent for leather,
Wishin' my gal was by my side.
All the things I'm missin',
Good vittles, love and kissin',
Are waitin' at the end of my ride.

Gesang. Und Peitsche. Sonorer Gesang mit Peitsche. Und mit ausdauernd durchs Bild trottender Rinderherde. 3000 Wiederkäuer waren es in der von September 1959 bis Dezember 1965 plus vierwöchigem Zuschlag an *reruns* laufenden Serie *Rawhide* (*Tausend Meilen Staub*). Dimitri Tiomkin schuf mit dem Titelsong, gesungen vom *crooner* Frankie Laine, ein ikonisches Western-Lied, das sich ins kollektive Gedächtnis Amerikas eingrub. Noch Ende der 1970er Jahre kann sich in *Die Blues Brothers* die Band der Gebrüder Blues, gebucht für eine Country-Musikbude im Nirgendwo, nur dadurch retten, dass sie die Titelmelodie anstimmt. »Remember the theme from *Rawhide*? Your favourite, Rowdy Yates«, sagt der Keyboarder zu Elwood Blues (Dan Aykroyd).

Rowdy Yates, das war Clint Eastwood. In seiner bis dahin größten Rolle. Nach Eric Fleming als Gil Favor, »trailboss«, Chef von Cowboys, die eine Herde zu einem Eisenbahnknotenpunkt in Missouri zu treiben haben, kam gleich Eastwood: als jugendlicher, naiver Ungestümer, der immer wieder auf die Frauen reinfällt, von denen sich nicht wenige in ihn vergucken. (Einige Male lief er mit nacktem Oberkörper durchs Bild.) Es war gekonnte Unterhaltung mit Typen-Darstellern. *Rawhide*, sehr schnell eine beliebte Fernsehserie in den USA, wurde zur Auftrittsmöglichkeit für Darsteller, die in den großen Filmstudios weniger gefragt waren. Bis zu 10 000 US-Dollar bekamen sie für einen Auftritt (Eastwood erhielt für jede Folge 750 US-Dollar): Claude Rains, Barbara Stanwyck, Peter Lorre, auch Leonard Nimoy (er spielte einen Indianer) Jahre vor *Raumschiff Enterprise* (*Star Trek*, 1966–1969). In Episode 10 von Staffel 8, *Duell im Morgengrauen* (*Duel at Daybreak*), lieferte sich Rowdy Yates ein Wortduell mit Charles Bronson (das man sich im Original ansehen sollte: hier der Bariton Bronsons, dort die hellere Stimme Eastwoods). Lon Chaney jr., in den Dreißigern das irre Phantom der Oper, legte in einer der ersten Folgen einen exorbitant soziopathischen Auftritt hin. Und der stets bedrohliche Dan Duryea war ein bedrohlicher Geister-Reiter. (Denken Sie an Duryea, wenn Sie bei Eastwoods *Pale Rider* [1985] angekommen sind!) Es war eine intensive Zeit des Lernens für Eastwood.

> Es gibt zwei Arten von Schauspielern – der eine wartet in seiner Garderobe auf seinen Auftritt, der andere schaut anderen über die Schulter und perfektioniert sein Handwerk, indem er alles aufsaugt. (Clint Eastwood)

Er lernte, wie man etwas spielt: In den ersten neun Episoden der Serie, die noch heute goutierbar ist, agierte Eastwood ziemlich hölzern; rasch wurde er elastischer und entspannter. Wie man etwas dreht: Viele Regisseure erlebte er, manche waren gut, andere solide, dritte fahrig. Wie man etwas koordiniert: Er erlebte unterschiedlich gut organisierte Produzenten. Anderes sicherte er sich auch. In der ersten Staffel ergattert Yates zwei Revolver mit exotischer Schlangendekoration in den Griffen. Und diese wie auch denselben Revolvergürtel trug Eastwood die ganze Serie lang und darüber hinaus in vielen seiner späteren Film-Western.

Dann stieg Fleming aus, Eastwood wurde mit Staffel 8 »trailboss«, doch die Serie war nahezu auserzählt. Eastwood war *Rawhide*-müde. »Going Italy for recreation« hieß sein Erholungsprogramm zwischen zwei Staffeln. Was aber nicht Rom oder Capri verhieß. Sondern Schnell- und Billigproduktionen: Italo-Western. Eastwood, der als Akteur in einer ausgelutschten TV-Serie galt, die man nur in den USA kannte – von 217 *Rawhide*-Episoden liefen in der ARD 1965/66 gerade einmal 13 (25 Jahre später strahlte Pro7 216 Folgen aus, im Morgen- oder Nachtprogramm) –, wurde 1963 nur aus einem Grund für das Filmprojekt eines italienischen Regisseurs genommen: Charles Bronson, 1960 einer der *Glorreichen Sieben* (*The Magnificent Seven*), war das Honorar zu niedrig. Die erste von zwei Glückskonstellationen in Eastwoods Karriere.

»Every gun makes its own tune.« – Die Sechziger

> Nach sechs Jahren *Rawhide* hatte ich alles gemacht, was ich mit einem Pferd machen konnte, also nahm ich eine Auszeit und ging nach Europa, um *Für eine Handvoll Dollar* zu drehen. Ich hatte nichts zu verlieren. Beim Fernsehen hatte ich einen Job, der auf mich wartete, und ich wusste, wenn das ein Flop würde, dann würde es ohnehin niemand sehen. (Clint Eastwood)

Es war ein Western. Aber keiner in der stolzen Linie von John Fords *Ringo* (*Stagecoach*, 1939) oder dessen Der *Teufelshauptmann* (*She Wore a Yellow Ribbon*, 1949). Gefragt nach dem für ihn wichtigsten Regisseur, sagte Clint Eastwood einmal: »John Ford, weil er wenig sprach, weil er den Wert des Schweigens erkannt hatte.« Es war keine Westernkomödie wie *Der große Bluff* (*Destry Rides again*, 1939). Und keines von Anthony Manns Epen. Der Westernheld, hatte der Journalist Peter Lyon 1959 rhapsodiert, sei »ein Galahad mit einem Sechsschüsser«. In seinen Satteltaschen trage er »eine neue Mythologie, eine amerikanische Odyssee, die auf ihren Homer wartet. Und das

Thema des Epos, versteckt unter dem Zirkusglitter der ewigen Wildwest-Show, ist das unsterbliche Thema eines jeden Heldenmythos: des Menschen endlose Suche nach dem Sinn seines Lebens.«

Das, was Eastwood jetzt machen sollte, war so ziemlich das Gegenteil von alledem. Nein, es war das völlige Gegenteil. Der Gehalt an Edlem war zero.

Und null. Exakt so viel blieb bei jenen hängen, die 1964 *Per un pugno di dollari* auf dem Filmfest *Incontri del Cinema di Sorrento* über sich hatten ergehen lassen. Exakt null war somit die Aussicht, dass dieser Film in einem der großen Kinos in Rom laufen würde. So blieb nur Florenz. Aber nicht die Innenstadt. Sondern ein *pidocchietto*, ein Schuhschachtelkino, in einer engen Gasse in einer staubigen Vorstadt. Renato Bozza, einer der Leiter von Jolly Film, die *Per un pugno* produzierte, kaufte aus eigener Tasche eine Zehnerkarte für den Film, damit der Kinobesitzer den Streifen nicht gleich nach ein paar Tagen aus dem Programm warf. Er wusste nur zu gut, dass das Urteil von Verleihchef und Kinobesitzer nach den Testvorführungen gleich gelautet hatte: »rotto«, ›Schrott‹.

Per un pugno di dollari lief am Freitag, dem 28. August 1964, an. Werbung? Null. Wieso auch, für Schrott? Umsatz des ersten Abends: 400 000 Lire. Umsatz am folgenden Tag: 500 000 Lire. Umsatz am dritten, Sonntag, wo die breit beworbenen Filme es bis auf 1,5 Millionen Lire brachten: 800 000 Lire. Einen Tag später, Montag, waren es 1,25 Millionen Lire. Bald bildete sich jeden Abend eine lange, eine immer längere Schlange vor der Kinokasse. Was sich nach Rom herumsprach. Wo ab November der Film lief. Mit immer größerem Erfolg. Anfang Januar war klar: Es war der erfolgreichste Film in Italien anno 1964. In Deutschland lief *Für eine Handvoll Dollar* ab dem

5. März 1965. Auch in weiteren Ländern in Europa. Mit staunenswertem Erfolg.

Dabei waren die Voraussetzungen, dass es ein Flop werden würde, mehr als groß gewesen. Ja, es war eine Idealkonstellation des Scheiterns. Der Regisseur des Films, Sergio Leone, Jahrgang 1929, sprach kein Wort Englisch, Eastwood, der in Europa völlig unbekannte Hauptdarsteller, kein Wort Italienisch. Am Set gab es einige Deutsche im Produktionsstab, die an Harald Reinls ersten Karl-May-Verfilmungen in Jugoslawien mitgewerkelt hatten und der englischen Sprache einigermaßen mächtig waren. Das Drehbuch war überbordend lang, eine Wortoper.

Der Film wurde in Spanien gedreht, in der Wüste nahe Almería. Dort hatte Jolly Film gerade einen ›Western‹ abgedreht – *Le Pistole non discutono* (*Die letzten Zwei vom Rio Bravo*). Die Bauten standen noch. Das *Pistole*-Team war noch vor Ort. Also konnte Leone alles und alle nutzen. Arbeitstitel: *Il magnifico straniero*, ›Der große Fremde‹. Es war eine Billigproduktion voller Regelverstöße. Es war eine Kopie voller Subversionen und Innovationen.

Die Sonne brennt herunter. Ein Mann. Ein Zigarillo. Der Glimmstängel ist das einzige, was sich in seinem dreitagebärtigen, gefurchten Gesicht bewegt. Er kommt aus dem Nirgendwo geritten, auf einem Muli. Am Ende reitet er fort ins Nirgendwo. Der große Schweiger hat keinen Namen und keine Vergangenheit. Nur einen Poncho. Und einen Revolver. Er hinterlässt vier Dutzend Tote.

Eine Kopie war dies, weil Leone schamlos Akira Kurosawas Samurai-Film *Yojimbo – Der Leibwächter* abkupferte, der 1961 auf den Filmfestspielen von Venedig gezeigt worden war. Eastwood, ein neugieriger Kinogänger, kannte den Film auch;

und hatte gedacht: Daraus könnte man einen Western machen …

… was auch Sergio Leone gedacht hatte. Und es tat. Ohne an die Urheberrechte zu denken.

Originell war *Für eine Handvoll Dollar*, weil Leone »guten Geschmack« über Bord warf. Alles war zynisch, grell überzeichnet, eine haarsträubende Karikatur. Noble Motive, Rettung vor blutrünstigen Indianern, Abwehr von Strauchdieben und Banditen, Schutz von Frauen und Kindern – all das fehlte. Erst recht war es eine Antithese zum linksliberalen, psychologieaffinen *gunslinger movie* der 1950er Jahre. Der Italo-Western war in seiner Surrealität und extravaganten Lächerlichkeit der Gnadenschuss für ein ausgelaugtes Genre, das sich müde durch die Lichtspielhäuser schleppte. Die scharfzüngige Pauline Kael ätzte 1967: »Was heute einen ›Western‹ ausmacht, das sind nicht mehr die weiten offenen Landschaften, sondern die Anwesenheit von Männern wie John Wayne, James Stewart, Henry Fonda, Robert Mitchum, Kirk Douglas und Burt Lancaster, die mit ihren blitzenden weißen dritten Zähnen in die Kamera grinsen, ihre Bäuche einziehen und sich aufs Pferd hochziehen.«

Eastwood war *il straniero*, der ›Mann ohne Namen‹. Doch der Mann ohne Namen hat keinen edlen Antrieb mehr. Er will Geld. Nur Geld. Hat ausschließlich den eigenen Vorteil im Blick. Treibt zwei rivalisierende Sippen aufeinander, so dass sie sich gegenseitig massakrieren. Wer danach noch steht, den erledigt er. Er ist eine artifizielle Figur, ohne Tiefe. Leone wollte eine rein physische Figur. Gründungsmythen, Hehres, Nobles? Fehlt völlig. Moral? Nicht vorhanden. Radikaler hätten der Italiener und der Amerikaner, der seinen Textpart auf Satzskelette zusammenstrich, nicht das Genre herausfordern können. Erst recht nicht mit so viel Gewalt.

Die Presse unterschätzte *Für eine Handvoll Dollar* radikal. Der Kritiker der Pariser Filmzeitschrift *Cinema 66*: »Von dieser Hekatombe von Horatiern und Kuratiern an der mexikanischen Grenze, von diesem naiv-brutalen, ahnungslosen und letztlich abstoßenden Film wird nichts bleiben als die Erinnerung an ihren Hauptdarsteller Clint Eastwood.« Für die *Cahiers du Cinéma* war dieser Italo-Western »der Tod des amerikanischen Traums«, was die Franzosen keineswegs bedauernd meinten.

Als der Film in den USA anlief, Mitte Januar 1967 in Los Angeles, vier Wochen später landesweit, nachdem der Urheberrechtsstreit mit Kurosawas Produzenten beigelegt worden war – selbst das Zigarillo-im-Mund-Herumrollen sah man schon in *Yojimbo*, nur mit dem Unterschied, dass dies Toshiro Mifune wohl Vergnügen bereitete, während der lebenslange Nichtraucher Eastwood sich extrascheußliche Zigarillos aus Los Angeles mitgebracht hatte, was sich in seinen permanent missmutigen Gesichtszügen niederschlug –, machte es die *Los Angeles Times* kurz und witzig: »Like the villains, the picture was shot in Spain. Pity it wasn't buried there.« (Ein Wortspiel mit schießen und fotografieren, als das »to shoot« gleichermaßen zu übersetzen ist.) Der Filmjournalist Peter Biskind wies auf den politischen Zeithintergrund hin: »Die Grenze zwischen Gut und Böse wurde ein für alle Mal verwischt. Während der Krieg in Vietnam immer heftiger wurde, war die Zeit für subtile Feinheiten ein für alle Mal vorbei.«

Dafür war in der Fortsetzung *Für ein paar Dollar mehr* (*Per qualche dollaro in più*, 1965) der Humor subtiler. Zumindest nach Leones Maßstab. Der Fremde ohne Namen hat nun einen Namen, Monco. Flankiert wird er von einer zweiten Hauptfigur, dem Kopfgeldjäger Colonel Douglas Mortimer, dem Lee

Van Cleef seine markanten Gesichtszüge lieh. Monco und Mortimer schließen sich, sie haben in einem Duell die Schießkünste des anderen ausloten können, auf der Suche nach El Indio, dem Anführer einer Bande, zusammen. Identitäten werden gewechselt, und es geht um Lüge, Rache und Vergeltung. Geboten wird haufenweise Gewalt; und ein Wut-Vulkan namens Klaus Kinski.

> Beim Showdown von Eastwood und Van Cleef geben die beiden Männer eine Menge furchteinflößender Geräusche von sich, verzichten aber auf das Blutvergießen. Zwei Hitzköpfe, sagen sie sich, sind besser als einer, und zusammen machen sie sich auf, um eine Bande mexikanischer Bankräuber niederzumachen und sich die Beute zu teilen. Wenn sie ans Killen gehen, beginnen sich die Leichen zu stapeln, und es fliegt genug Blei in die Luft, um die ganze ägyptische Armee neu auszurüsten. Schon lange vor dem Ende wird der Austausch von Brutalitäten zur *Grand Guignol*-Show – exzessiv und absurd. Clint Eastwood wandelt durch dieses Geschehen und durch das, was wie ein El-Paso-Sommer wirken soll, mit einem Poncho um die Schultern, der ein von Motten zerfressenes Hemd bedeckt. Er und Van Cleef sehen sich ihre Opfer kaum an, ehe sie sie umhauen. Sie vergeuden nie einen Schuss und verschwenden nie einen Satz, wenn es auch ein Grunzer tut – was dem Film, ungeachtet seiner Momente ernster Entspannung, die fiebrige Aura einer verrückten Burleske gibt. Für alle, die einen elementaren Western mit galvanischen Attitüden, einer nervenzerrenden Musik voller Maul-Trommeln und Choräle und einer souveränen Verachtung für Sinn und Authentizität lieben, ist dieser Film ideal. (*Time Magazine*)

Der verglichen mit dem Vorgänger um fast ein Drittel längere Film (stolze 132 Minuten) lief eine Woche vor Weihnachten 1965 in Turin an, vier Monate später in Deutschland, dann in weiteren europäischen Ländern, auch in Peru, der Sowjetunion, Australien und Japan. Und war noch erfolgreicher als der erste *Dollar*-Film. »Alles«, so die Tageszeitung *Il Messaggero*, »ist in eine Form gebracht, die besser ist als der heutige amerikanische Western-Stil.« Andere goutierten Leones Opus als Parodie und nahmen kaum einen Aspekt richtig ernst.

Der Münchner *Abendzeitung* erklärte Sergio Leone:

> Wenn bei John Ford einer zum Fenster rausschaut, hat er den Blick in eine strahlende Zukunft. Wenn bei mir einer das Fenster aufmacht, weiß jeder: der wird jetzt erschossen. Ford ist ein Optimist. Ich bin ein Pessimist. Im amerikanischen Western sterben die Helden hässlich im Hintergrund, bei mir sterben sie im Vordergrund – unheimlich schön.

1966 drehte Eastwood seinen dritten Italo-Western. Wieder war das Original-Treatment barock, das bekannte Problem Leones (der immer noch kein Wort Englisch sprach), das sich zu Eastwoods Unzufriedenheit nicht änderte. Neben ihm spielten in *Zwei glorreiche Halunken* (*Il buono, il brutto, il cattivo*, 1966) Eli Wallach und Lee Van Cleef als der Böse. Eastwood war der Gute. Oder Blondie. Das Ganze erschien Eastwood immer weiter von dem entfernt, was und wohin er schauspielerisch wollte. Was er dadurch zeigte, dass er in den Drehpausen demonstrativ Golf spielte. Er freundete sich mit Eli Wallach an. Dem gestand er bei einem Essen, er wolle nach seiner Rückkehr nach Kalifornien eine eigene Firma gründen

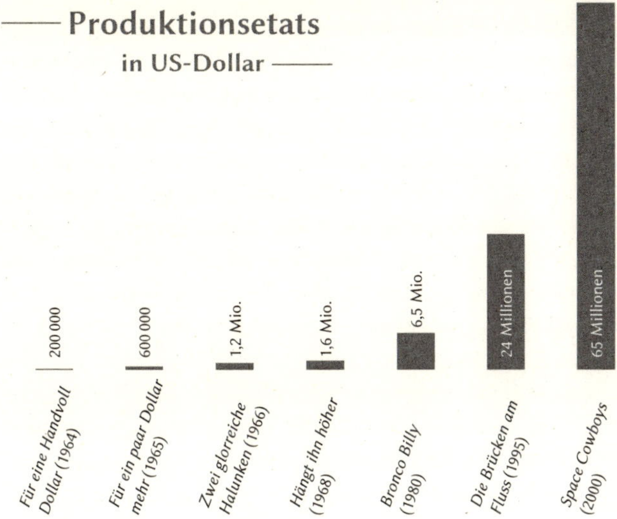

Schätzungen laut IMDb

und Filme drehen, bei denen er Hauptdarsteller und Regisseur sein werde. Wallach, um 15 Jahre älter: »Oh sure, that'll be the day.« Na klar, träum schön weiter, Junge.

Hollywood hatte sich vom Schock der Spaghetti-Western erholt. Für *Zwei glorreiche Halunken* hatte das Studio United Artists Leone unter Vertrag genommen. Allein in den Vereinigten Staaten spielte der Film sechs Millionen US-Dollar ein. Das US-Nachrichtenmagazin *Time* war hin- und hergerissen:

> Das Gute liegt in Leones Kamera-Arbeit, die Farbe und Komposition fachmännisch verbindet und den Details von Form und Textur, die sich bei Außenaufnahmen üppiger anbieten als beim Drehen in Ateliers, scharfe Aufmerksam-

keit schenkt. Schlecht ist der passende Ausdruck für die hölzerne Schauspielerei und Leones Glauben an die Werte und grenzenlosen Möglichkeiten des Comic Strip. Und hässlich ist sein unstillbarer Appetit an Prügeleien, Verstümmelungen und Großaufnahmen von zermatschten Gesichtern.

Aber die Hässlichkeit, die Großaufnahmen von starrenden Augen, grimassierenden Gesichtern und zermatschten Fratzen, das Hölzerne und das Makabre, all das war essenziell.

Immerhin gab es am Ende, nachdem Blondie Angel Eyes (Lee Van Cleef) erschossen hat, einen Funken Moral. Blondie teilt das Gold mit Tuco (Eli Wallach), er nimmt nur die Hälfte. Und schießt aus der Ferne den Strick durch, an dem Tuco baumelt. Er lässt ihn, oh Wunder, leben.

Vorüber war für Clint Eastwood allerdings die Zusammenarbeit mit Leone. Der wollte ihn auch für seinen nächsten Film, Eastwood sagte ab. (*C'era una volta il West* hieß der Film, *Spiel mir das Lied vom Tod*, 1968 – in der Rolle des Harmonica: Charles Bronson). Durch die Trilogie war Eastwood zum Star geworden. Als Federico Fellini 1967 die Vereinigten Staaten besuchte, hatte er, so wird kolportiert, einen großen Wunsch. Da er schon einmal in Amerika sei, erklärte er, wolle er die Gelegenheit nutzen, um den größten Filmstar der Welt kennenzulernen. Man fragte den Regisseur, wer das denn sei. Fellini: natürlich Clint Eastwood!

Eastwood, zurück in Hollywood, stellte mit den Universal Studios ein Projekt auf die Beine, das an die drei Filme anschließen, aber so geschrieben sein sollte, wie er es sich vorstellte, so bebildert, wie er es wollte, und, am wichtigsten, »with a little more character« (Eastwood). Er stieß auf den Pilotfilm einer nicht in Produktion gegangenen TV-Serie:

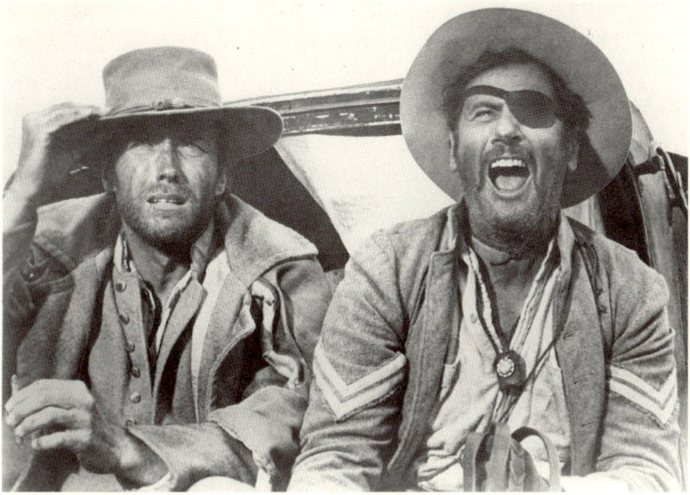

Eastwood und Eli Wallach in *Zwei glorreiche Halunken* (1966)

Hängt ihn höher (*Hang' Em High*, 1968). Den makabren Thrill des Fast-Gehängtwerdens im Finale von *Zwei glorreiche Halunken* machte Eastwood zum tragenden Element dieses Films. Ted Post, einer seiner Lieblingsregisseure bei *Rawhide*, führte Regie. Um die Kontrolle über alles zu haben, gründete er eine eigene kleine Filmproduktionsgesellschaft. Er nannte sie »Malpaso«, nach einem Bach, der von seinem Haus in Monterey County aus zu sehen war.

Eastwood verkörpert Jed Cooper, einst Marshal, inzwischen Rindertreiber, der zu Beginn in Oklahoma zu Unrecht des Viehdiebstahls beschuldigt, gelyncht und gerettet wird und als *lawman* wiederersteht.

> Wenn Sie glauben, dass Sie schon in der Hölle sind, irren Sie sich. Sie sind immer noch in Oklahoma.

Widerstand gegen die Autorität des unbarmherzigen Richters durchzieht den Film. Der Aufstand des Individualisten Cooper wider den massiv bestrafenden Staatsrepräsentanten – Cooper als Lynchjustizopfer weiß um die tragischen Dimensionen von Repression und Irrtum – endet damit, dass es kein anderes System gibt als das vorhandene. Das es zu verbessern gilt.

Schon vor Drehbeginn von *Hängt ihn höher* hatte Eastwood mit Universal einen Vertrag über die Hauptrolle in *Coogans großer Bluff* (*Coogan's Bluff*, 1968) abgeschlossen. Unzufrieden mit diversen Drehbuchentwürfen, erstellte er mit Dean Riesner, den er von *Rawhide* kannte, eine eigene Version. In der Urfassung war Deputy-Sheriff Walt Coogan aus Arizona noch ein Hinterwäldler, der, in der großen Stadt New York und überfordert von dieser, einen entlaufenen Mörder ausfindig zu machen versucht.

Der Film ist düster, er ist ein kühl, oft in Variationen von Brauntönen in Szene gesetzter Noir-Thriller mit Western-Einschlag, der einzige Filmauftritt des Kaliforniers an der Ostküste. Auch wenn Eastwood hier erst mit der Persona Eastwood zu spielen scheint, ab der Mitte des Films wird aus dem hartnäckig als »Tex« fehlbezeichneten Arizona-Cop der hartnäckige Ermittler inklusive Schlägerei mit Billardqueues und einer rasanten Motorradjagd über die Straßen, Treppen und durch die Grünanlagen des Coogan's Bluff, eines steilen Parks zwischen 155th Street und 160th Street. Eastwood ließ sich bei dieser Verfolgung nicht doublen.

Noch wichtiger wurde die Zusammenarbeit mit Regisseur Don Siegel, den ihm Riesner als schnell und effizient empfohlen hatte. Nach einer Schnupperphase entwickelte sich großer gegenseitiger Respekt und so etwas wie eine Freundschaft zwischen Eastwood und Siegel (1912–1991). Der war seit Mitte der 1930er Jahre in Hollywood tätig und hatte sich vom Cutter zum unabhängigen Regisseur kleinerer Horror-, Kriegs- und Westernfilme hochgearbeitet. Vielleicht sein bekanntester Film war *Die Dämonischen* (*Invasion of the Bodysnatchers*, 1956). Gerade eben hatte Siegel mit *Nur noch 72 Stunden* (*Madigan*, 1968) einen Polizistenfilm mit Richard Widmark und Henry Fonda fertiggestellt, in dem New York als räudig und verkommen aufscheint. Widmark lobte Siegel als organisiert, ruhig, stets das Heft in der Hand haltend. (Denken Sie an diese Formulierung, wenn Sie auf Seite 74 die Bemerkungen von Richard Harris lesen.)

Coogans großer Bluff ist so harsch fotografiert wie *Nur noch 72 Stunden*. Es ist ein Spiel zwischen Horizontalem und Vertikalem, weiter Fläche und engen Räumen, Aufgeräumtheit und drogeninduzierten Zuständen. Alles oszilliert zwischen Eindeutigkeit und Ambivalenz, Gestern und Heute. Traditionelle Muster des Westerns, wie ein Duell in der Wüste, prallen auf eine Gesellschaft im hedonistischen Zerbrechen. Mitten darin ein Aufrechter, der alles aus Augen eng wie Schießscharten beobachtet. Der nach und nach seine Rüstung verliert. Gewalt wird austariert durch Humor, auch wenn dieser nach 50 Jahren grenzwertig bis sexistisch anmutet.

Zwei Tage nach Beendigung der Dreharbeiten machte sich Eastwood wieder auf nach Europa, zu einem groß projektierten Kriegsfilm des Studios MGM: *Agenten sterben einsam* (*Where Eagles Dare*).

*

Statt Poncho eine Militäruniform zu tragen, war, das sage ich Ihnen, ungewöhnlich. (Clint Eastwood)

Es war ein Vehikel für Richard Burton, der sich nach einem Kassenknüller sehnte. Eastwood konnte als Ko-Star nur verpflichtet werden, weil ihm ein exorbitantes Honorar geboten wurde – 800 000 US-Dollar (heute rund 5,81 Millionen US-Dollar, 5 Millionen Euro). Eastwood verkörpert einen amerikanischen Verbindungsoffizier bei den Briten. Im Winter 1943 soll ein englischer Brigadegeneral, der an den Invasionsplänen der Alliierten mitgearbeitet hat, aus einer Alpenfestung (gedreht wurde überwiegend im Salzkammergut, die Innenaufnahmen entstanden in London), mit Hilfe eines Spezialkommandos aus den Händen der Deutschen befreit werden. Verfolgungen, Schießereien, Finten, Verrat inklusive Schluss-Surprise bot dieser von Regisseur Brian G. Hutton ins rechte Licht gesetzte Kriegsfilm, »an extravagant, *Boy's Own*-style adventure« (John H. Foote). Bei der Kritik kam er gut an, noch besser beim Publikum. Burton lobte Eastwood. Der sei »groß und langsam und spricht langgezogen, so eine Art Gary Cooper, und er ist so gut wie Gary Cooper, vielleicht sogar besser, ich selber bin klein und dick und spreche schnell«. Etwas übertrieben ist das. Und doch: Bei einem verschätzt sich jeder, der den Film sieht, beim Altersunterschied zwischen dem Waliser und dem gertenschlanken Kalifornier. Niemand kommt auf fünf Jahre. Kein Wunder, war Burton doch ein harter Trinker und rauchte an die sechzig Zigaretten pro Tag.

Was folgte, war in jeder Hinsicht konträr. Es war die Verfilmung eines Broadway-Musicals von 1951. Den Musikliebhaber Eastwood zog das Musikalische an. Er als Sänger? Das kannte man schon aus *Rawhide*. Aber *Westwärts zieht der Wind* (*Paint*

Clint Eastwoods Honorar-Entwicklung

1958
Honorar für *Ambush at Cimarron Pass*: 750 US-Dollar
1959
Honorar für eine Episode *Rawhide*: 750 US-Dollar
1964
Honorar für *Für eine Handvoll Dollar*: 15 000 US-Dollar
1965
Honorar für *Zwei glorreiche Halunken*: 250 000 US-Dollar
1968
Honorar für *Agenten sterben einsam*: 800 000 US-Dollar

Your Wagon, 1969) war von vorne bis hinten ein Reinfall. Es gab eine Ansicht vom Wallowa National Park in Oregon, in dem gedreht wurde. Worauf eine Ansicht vom Wallowa National Park in Oregon folgte. Und nochmals. Und nochmals. Gesungen wurde auch, von Lee Marvin, im Kellerbariton brachte er das Lied *Wand'rin' Star* zum Erklingen. Das Ganze war zum Vergessen. Für Eastwood war extra eine Rolle ins Drehbuch geschrieben worden, die es in der Vorlage nicht gab – es sollte ja ein »Western« sein. Eastwood hatte gern zugesagt, denn er mochte die dazukomponierte Musik André Previns, er wollte mit Regisseur Joshua Logan arbeiten. (Und das Honorar von 500 000 US-Dollar war auch nicht zu verachten, hatte doch gerade Margaret ihr erstes Kind, Kyle Clinton, zur Welt gebracht, obwohl Eastwood seit Jahren regelmäßig außereheliche Affären gehabt hatte.) Die gesamte Produktion zog sich wie Kaugummi in die Länge, das Budget wurde stark überzogen. Ergebnis: ein Fiasko. *Westwärts zieht der Wind* und ein anderes Filmmusical zogen das Paramount-Studio als Doppel-Flop 1970 fast in den Konkurs. Der Kritiker des *Monthly Film Bulletin*: »Wer den Soundtrack des Films kauft, braucht den Film nicht mehr.« All dies verstärkte Eastwoods Absicht, sich künftig mit Malpaso ganz auf Eigenes zu konzentrieren.

»Do I feel lucky?« – Die Siebziger

Das erste Eigene war dann ein Western der anderen Art: *Ein Fressen für die Geier* (*Two Mules for Sister Sara*, 1970). Das Skript stammte vom Westernfilm-Veteranen Budd Boetticher, dem als Urbesetzung John Wayne und die Mexikanerin Silvia Pinal vorschwebte, später Eastwood und Elizabeth Taylor. Nach Burton auch mit der Taylor zusammenzuarbeiten, reizte Clint Eastwood. Und dazu als Regisseur Don Siegel (der seinerseits Boetticher gut kannte). Es sollte nur nicht so kommen. Nachdem bei der Taylor wieder »gesundheitliche Probleme« aufgetreten waren, entschied sich Universal, sie durch Shirley MacLaine zu ersetzen. Nun spielte eine hellhäutige, rothaarige, quirlige Aktrice die mexikanische Nonne namens Sara. Diese Nonne flucht und trinkt und raucht. Am Ende hat sich der amerikanische *gun for hire* Hogan (Eastwood) in sie verliebt; und gemeinsam reiten sie in die Tiefen Mexikos. Inzwischen ist klar, dass Sara das Gegenteil einer Nonne ist, nämlich eine Verwandte von Irma la Douce, die MacLaine für Billy Wilder 1963 spielte (kurioserweise war seinerzeit auch Elizabeth Taylor die allererste Wahl von Wilders Produzenten gewesen).

Ein Fressen für die Geier spielt mit den Eigenheiten des Italo-Westerns, es ist eine Hommage an die zwei Sergios (Leone und Corbucci). Eastwood kaut auf einer Zigarre herum, ist unrasiert und erschießt in den ersten Minuten drei Vergewaltiger. Überdies schrieb Ennio Morricone, Leones Komponist, eine überdrehte Musik mit vielen Iii-aaas. Der Film verdreht die *pasta pictures*-Eigenheiten ins psychologisch Tiefere. Es ist eine Liebesgeschichte, die den Hauptdarsteller einer immer wichtigeren Zielgruppe schmackhaft machte – Frauen. Erstmals wird Eastwood schwer verwundet und gesund gepflegt. Der deutsche Titel unterschlägt etwas. Denn Hogan ist in *Two Mules for Sister Sara* der eine von zwei *mules*, Mulis. Eastwood nannte es zu Recht »eine sehr schöne und sehr lustige Geschichte«. Mit diesem Film begann eine neue Phase in seinem Werk, »eine Inversion seiner ultramaskulinen Erscheinung, die ein begleitendes Thema in Eastwoods Karriere« (Jim Kitses) bilden wird.

Was folgte, war aber doch wieder eine Ausnahme davon. War Eastwoods Angaben zufolge *Stoßtrupp Gold* (*Kelly's Heroes*, 1970) ursprünglich als Antikriegsfilm und Satire konzipiert – weswegen er zugesagt hatte –, so geriet das Projekt, dessen Dreharbeiten in Jugoslawien mehr als vier Monate dauerten, unter der Regie Brian G. Huttons, erst recht am Schneidetisch zu einem Kriegsschinken. Und dennoch ist er sehenswert, ja Arte-würdig geworden. Das liegt an zwei Schauspielern: an Telly Savalas, der hinreißend exaltiert ist, so wie in Robert Aldrichs *Das dreckige Dutzend* (*The Dirty Dozen*, 1967), und an Donald Sutherland. Dessen Figur Oddball (in der deutschen Fassung ›Spinner‹) ist wunderlich abgedreht und scheint ständig auf chemischen Stimmungshebern zu sein, als wäre er geradewegs aus dem Vietnam- in den Zweiten Weltkrieg zurückgebeamt worden. Eastwood musste, auch wenn er hier Kelly heißt und Leithammel beim Krallen

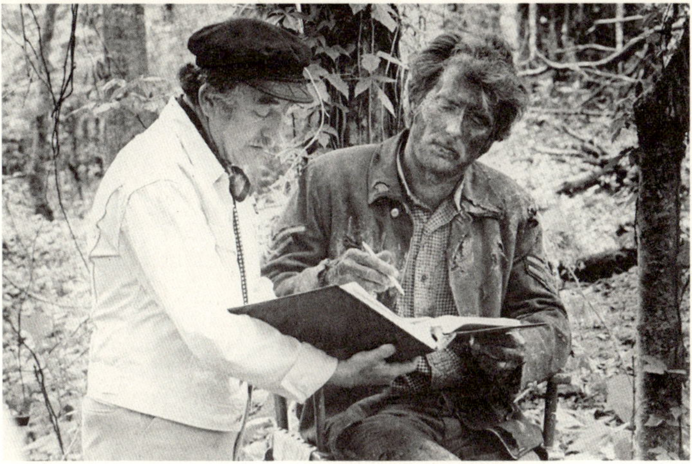

Don Siegel und Eastwood bei den Dreharbeiten zu *Betrogen* (*The Beguiled*, 1971)

von 16 Millionen US-Dollar in Gold ist, den Mann ohne Namen repetieren.

Aus *Agenten sterben einsam* und *Stoßtrupp Gold* kam Eastwood unzufrieden heraus. Konnte er sich bei der Zusammenarbeit mit Don Siegel mit Ideen einbringen, so hier nur als Bild- und Imagefüller. Dies trieb ihn dazu, seine Karriere fast nur noch via Malpaso voranzubringen, fast ohne Fremdprojekte, ohne externe Kompromisse, und mit selbstkalkulierten Wagnissen.

Ein solches Wagnis war *Betrogen* (*The Beguiled*, 1971). Zu diesem Psychodrama über männliche und weibliche Sexualität, Triebe und Kontrollverlust musste Don Siegel Eastwood erst überreden. Er lockte ihn mit der Aussicht auf eine Rolle, die ihm vielleicht niemals wieder über den Weg liefe. Und tatsächlich war sie außergewöhnlich. Welcher Star jener Zeit hätte sich sehenden Auges auf Amputation und Verstümmelung des eigenen Körpers eingelassen, in der der Film endet, der als Rettung eines Soldaten während des Amerikanischen Bürgerkriegs einsetzt, zur Romanze wird, zur Don-Juan-Geschichte und schließlich zur schaurigen Gespenstergeschichte? Bei *Betrogen* sind Wiederholung und Kreisstruktur bestimmende Prinzipien:

> Ein Lied geleitet den Zuschauer in die Handlung hinein und aus ihr hinaus; monochrome Bilder stehen am Anfang und am Ende; zu Beginn wird ein halbtoter Soldat ins Haus, am Ende ein toter aus ihm herausgetragen; das erzählerische Motiv von Pilzen und Tod bildet eine Klammer um die Geschichte – Refrains einer romantischen Schauerballade. (Robert Müller)

Der Kontrast zum nächsten Projekt, typisch innerhalb Eastwoods »Mischkalkulation« (Gerhard Midding), war groß, nein: gewaltig. Denn darin ging es urgewaltig um Maskulinität, Durchsetzungskraft und den Willen, Kriminalität einzuhegen, mit allen Mitteln. Und mit der stärksten Handfeuerwaffe der Welt.

> »Ah, I know what you're thinking. ›Did he fire six shots or only five?‹ Well, to tell you the truth in all this excitement I've kinda lost track myself. But being this is a .44 Magnum, the most powerful handgun in the world, and will blow your head clean off, you've got to ask yourself one question: ›Do I feel lucky?‹ Well, do ya, punk?«* (Harry Callahan)

*

»Tja, jetzt überlegst du, ob da nun sechs Schüsse raus sind oder nur fünf. Wenn ich ehrlich sein soll, ich habe in der Aufregung wirklich nicht mitgezählt. Weißt du, das ist eine 44er Magnum, der Ballermann ist außerordentlich gefährlich. Ich brauch' bloß zu drücken und er reißt dir den Arsch ab. Nun frag' dich doch mal, ob du ein Glückskind bist? Ist noch 'ne Kugel drin? Was denkst du, Bruder, he?« (Harry Callahan)

Dies sind die berühmtesten Zeilen in *Dirty Harry* (1971). Clint Eastwood als Harry Callahan: eine Rolle, die anlag wie ein Hemd. Eine Lebens-Rolle.

Das Skript des Ehepaars Harry Julian und R(ita) M. Fink war durch mehrere Hände gewandert. Die Rolle war John Wayne angeboten worden, Robert Mitchum, Steve McQueen, auch Paul Newman. Dieser, politisch eher links, winkte ab: reaktionärer Mist! Frank Sinatra redete sich mit einer Handverletzung heraus. Es war die zweite Glückskonstellation in Eastwoods Leben.

Don Siegel und er verpflanzten die Handlung, die vom echten Zodiac-Killer inspiriert war, nach San Francisco. Andy Robinson war als Scorpio ein Killer-Psychopath zum Fürchten. Besonders die Szene im Bus, als er die Kinder zum Singen auffordert, lässt noch heute, in Zeiten, in denen blutrünstige Irre zum Krimi-Repertoire geworden sind, das Blut gefrieren. Dabei hatte Don Siegel kurz einen anderen für diese Rolle im Sinn, den höchstdekorierten US-Soldaten des Zweiten Weltkriegs, der seit 1948 in Hollywood Western gedreht und mit dem Siegel 1952 zusammengearbeitet hatte:

> Für eine Weile dachte ich an Audie Murphy für die Rolle [des Killers Scorpio]. Ich traf ihn im Flugzeug. [...] Wir begannen zu reden, und plötzlich begriff ich: Mein Gott, ich suche nach einem Killer, und hier ist der größte Killer aller Zeiten, ein Kriegsheld, der über 250 Leute getötet hat. Er war ein Killer, obwohl er nicht so aussah. Das hätte interessant sein können.
>
> In *Dirty Harry* zeige ich einen hartgesottenen Cop, der glaubt, dass er das Richtige tut. Das bedeutet aber nicht, dass ich hundertprozentig mit dieser Figur übereinstimme, oder dass Clint das tut. Der Harry im Film ist ein Rassist, ein Reaktionär. Das sind Eigenschaften, die ich hasse. Trotzdem beschäftigt es mich, dass so wenige Filme die Arbeit der Polizei anerkennen. [...] Manche Polizisten sind wie Harry, sie sind wirkliche Helden, aber ich finde ihr Verhalten abscheulich. (Don Siegel)

So einfach. So einfach? Oder so einfach wie Clint Eastwood zufolge, der seinen Charakter folgendermaßen beschrieb: »Der Kerl war einfach ein Mann, der gegen Bürokratie kämpfte und gegen bestimmte Dinge, die sich eingeschliffen haben. Er geht ein bisschen unorthodox vor – weil das die einzige Art ist, die er kennt.« Ein *bisschen*? Unorthodox?

Eine Pistole, die die vierte Wand gleich zu Beginn zerstört: Sie wird aufs Publikum gerichtet. Nächstes Bild: eine Wand mit eingemeißelten Namen von im Dienst getöteten Polizisten. Dann: ein tödlicher Schuss von großer Höhe aus großer Ferne auf eine Schwimmende in einem Pool auf dem Dach eines Hochhauses. Alles unterkühlt gezeigt. Was macht der Ermittler Callahan als Erstes, als er den Standort des mörderischen Attentats eruiert hat? Er simuliert denselben Schuss. So

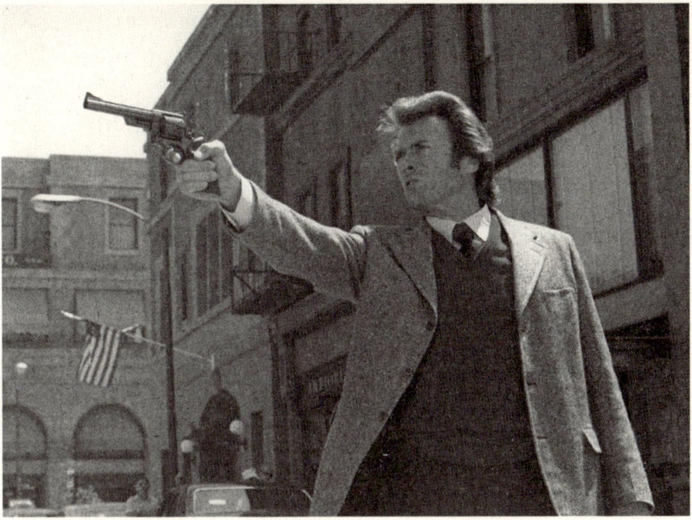

Eastwood als Dirty Harry (1971)

ambivalent setzt es ein. So ambivalent wie der Originaltrailer, in dem es hieß:

> This is a movie about a couple of killers: Harry Callahan … and a homicidal maniac. The one with the badge is Harry.*

* Dies ist ein Film über zwei Killer: Harry Callahan ... und einen mörderischen Psycho – der mit der Polizeimarke ist Harry.

Es geht um Neurotiker und Psychopathen, wie so oft in Siegels Filmen. Ihr Eigen-Sinn lässt sie mit der Ordnung kollidieren. Wie dieser Konflikt sie um- und antreibt, ans Urtabu lustvoller

Brutalität rührt, wie Gewalt gestaut wird und explodiert, ist das Movens seiner Filme. Siegel inszeniert Eastwood in *Dirty Harry* als obsessiven und einsamen Menschen (er ist Witwer). Im ganzen Film findet sich kaum eine wirklich befreiende, wirklich raumgreifende Kamerabewegung. Vielmehr gibt es Fernsichten, Distanzblicke und fokussierende Zoomfahrten, die das Geschehen subjektivieren. Die Kamera befindet sich selten auf Augenhöhe mit Eastwood. Sie zeigt ihn aus verzerrenden Untersichten und Aufsichten. Nicht selten ist sein Gesicht verschattet. Dazu kreischende elektronische Musik, die den Bildern zusätzlich Kratzer beifügt.

> Dirty Harry hatte bemerkenswerterweise, obwohl er selbst sein Verhalten auf eine neurotische Art sexualisiert hat, als Gegner vor allem den *White Trash*, die wurzellos gewordenen menschlichen Tötungsmaschinen aus dem Vietnamkrieg, die zur Zeitbombe für die zivile Gesellschaft geworden waren und eben nur von einem »schmutzigen« Mann erledigt werden konnte, der selbst außerhalb der Gesellschaft stand. (Georg Seeßlen)

»Faschistisch« seien Film und Hauptfigur, hieß es. Ein Plädoyer für Selbstjustiz sei es, für eine Polizei, die Bürgerrechte mit Füßen trete. Das Publikum liebte den Film. 1972 war *Dirty Harry* in den USA der erfolgreichste Film des Jahres.

Dirty Harry war nicht außerhalb seiner Zeit. Im Gegenteil. Polizisten, die bürokratische Vorschriften absichtlich ignorierten oder Rechtsstaatsprinzipien bewusst brachen, gab es auf der Leinwand seit einiger Zeit. Steve McQueen als Lt. Bullitt (1968) tat es. Michel Bouquet als Inspektor Favenin tat es in Yves Boissets *Ein Bulle sieht rot* (*Un condé*, 1970). Harry Callahan – ein Systemstabilisator der repressivsten Art? Oder ein extremer Individualist, der, eben weil *outlaw*, erfolgreich ist? Regeln brechen, um das große Regelwerk aufrechtzuerhalten? Noch heute lässt sich trefflich über diesen Film streiten, der in die Annalen der Popkultur eingegangen ist.

Typisch für Eastwoods Werk sollten Sprünge von einem Film zum anderen werden. Clint Eastwood über Clint Eastwood:

> Ich glaube, ich bin ein wenig schizophren. Meine Karriere als Regisseur begann einfach durch Zufall. Die einzige Möglichkeit, den Film zu inszenieren, war, in ihm als Schauspieler aufzutreten, und die einzige Möglichkeit, ihn finanziert zu bekommen, war, in ihm als Schauspieler aufzutreten.

Dieser Film war 1971 *Sadistico – Wunschkonzert für einen Toten* (*Play Misty for Me*). Es war eine Arbeit, die viele an Hitchcock gemahnte, eine sich ins äußerst Bedrohliche steigernde Liebes-, Liebessucht- und Stalkergeschichte. Universal war alles andere als angetan. Eastwood erinnerte sich später an eine Diskussion mit der Leitungsebene des Studios:

> Sie sagten zu mir: »Wer will verdammt noch mal Clint Eastwood als Radiomoderator sehen?«
> Ich: »Wer will ihn verdammt noch mal überhaupt als irgendwas sehen? Es kommt mir einfach als eine gute Geschichte vor.«
> Sie fragten: »Wieso wollen Sie in einem Film mitspielen, in dem der Part der Frau der bessere ist?«
> »Ist mir völlig egal«, sagte ich, »ich werd' schon auf mich aufpassen. Um den Kerl kreist die Handlung, also was soll's?«

Im Rückblick betonte Eastwood:

> Tatsächlich haben die Europäer mich ab meinem ersten eigenen Film, *Sadistico*, viel stärker ermutigt als die Amerikaner, die sich kaum dazu durchringen konnten, dass ich ein Regisseur sein könnte, weil sie sich schon kaum dazu hatten durchringen können, mich als Schauspieler zu akzeptieren.

Mit dem nächsten Projekt kehrte er auf vertrautes Terrain zurück, zum Western. Recht, Gerechtigkeit, Selbstjustiz, Machtmissbrauch, Verantwortung für die Gemeinschaft: Darum kreist *Sinola* (*Joe Kidd*, 1972), bei dem John Sturges Regie führte, der zwölf Jahre zuvor mit *Die glorreichen Sieben* Akira Kurosawas *Die sieben Samurai* (1954) als Western adaptiert hatte. Die *Süddeutsche Zeitung* resümierte:

> Etwas von der Ruhe und Gelassenheit, die Clint Eastwood ausstrahlt, ist auch auf diesen Film von John Sturges übergegangen, der seine Geschichte kühl und ohne Hektik zu erzählen weiß. Das unvermeidliche Repertoire ausgefallener Tricks reduziert sich bei ihm nicht auf eine bloße Ansammlung von Gags, sondern wird als eine Reihe mühsamer Arbeitsvorgänge geschildert, die vom alten amerikanischen Kino gar nicht zu weit entfernt ist.

Der Außenseiter Joe Kidd alias Eastwood schlägt sich auf die Seite mexikanischer Aufständischer, angeführt von Chama, gespielt von John Saxon, den Eastwood seit der gemeinsamen Militärzeit kannte. Diesen will ein Landbaron mit Hilfe von Kopfgeldjägern zur Strecke bringen und schießt dabei Anstand, Moral und Gesetze über den Haufen. Dabei bleibt der

Eastwood-Charakter wie so häufig Individualist, lässt sich nicht vereinnahmen. In Robert Duvall hatte Eastwood einen intensiv agierenden *heavy* als Gegenspieler, der nicht großmütig-großzügig war wie Lee J. Cobb in *Coogans großer Bluff*.

Danach setzte er selbst einen Western in Szene, eine Hommage an Sergio Leone, zu dem der Kontakt abgerissen war (erst 20 Jahre später, kurz vor Leones Tod, sprachen sie wieder miteinander), und eine an den klassischen amerikanischen Western. Schon der Auftakt zitiert zwei Szenen aus George Stevens' *Shane* (*Mein großer Freund Shane*, 1953): Der »Held« reitet aus den Bergen hinab, der »Held« greift beim ersten Knall instinktiv und blitzschnell zur Waffe. Nur war Eastwoods Western *Shanes* nachtschwarzer Bruder. Stellte Korrumpiertheit bloß, gesellschaftliche Feigheit, Gewalt, Selbstbetrug und Scheinmoral. Es war *High Plains Drifter* von 1973. Der deutsche Verleih verfiel auf *Der Fremde ohne Namen*, als wär's ein Italo-Western.

Die Luft schwirrt. Sie flimmert, siedet, flirrt. Sie brennt. Und zerteilt alles. Auch diese Figur. Ist das überhaupt ein Mensch, der da auf einem Pferd zu sehen ist? Der Reiter ist fast transparent, wird nur langsam deutlicher. Er reitet auf den Ort zu. Gleich wird er da sein. Gleich den Colt ziehen. Bald alle strafen und töten. Ohne zu lächeln. Ohne die verkniffenen Augen zu »entkniffen«.

Ein Fremder kommt in die Stadt – eine Ursituation des Westerns. Aber ist das nicht ein Racheengel? Ein Ur-Racheengel, der vergewaltigt, tötet, den Bürgern ihre Feigheit vor Augen führt (sie hatten, ohne einzugreifen, zugesehen, wie der Sheriff des Ortes zu Tode gepeitscht wurde), der die Ordnung verkehrt, ein Wesen, das kalt und unverwundbar ist. Der den Ortsnamen »Lago«, gelegen an einem leblosen Salzsee (gedreht wurde am Mono Lake in Kalifornien), übermalt, durch »Hell« ersetzt und alle Häuser rot anstreichen lässt, am Ende gehen sie in Flammen auf.

RACHEL: »Sie sind ein Mann, der anderen Menschen Angst macht, und das ist gefährlich.«
DER FREMDE: »Nun, was Menschen über sich selber wissen, das macht ihnen Angst.«

Doch während der Fremde in den Ort reitet, ist die Kamera überall, nur nicht auf seiner Augenhöhe. Sie beobachtet ihn von oben. Sie lugt, und wir mit ihr, über seine Schulter. Sie zeigt ihn von schräg unten. Was sehen wir? Ein Gespenst des Westens. Und des Westerns.

Dieser Film war auch eine Demontage des Hollywood-Westerns. 1959 hatte Howard Hawks, wütend über Fred Zinnemanns *Zwölf Uhr mittags* (*High Noon*, 1952), in dem Sheriff Will Kane (Gary Cooper) um Hilfe bettelt und von den Bürgern im Stich gelassen wird – Anklage des gebürtigen Österreichers gegen die schweigende Mehrheit während der McCarthy-Jahre –, 1959 *Rio Bravo* gedreht. Der standhafte Sheriff John T. Chance alias John Wayne besiegt darin mit Unterstützung seiner Stadt die Bösen. Eastwood und sein Drehbuchautor Ernest Tidyman nahmen sich ebenfalls Zinnemanns Schwarzweißfilm vor, anders, zeitgemäßer.

Ich entschied mich, den Film auf der Grundlage eines Treatments von nur neun Seiten zu drehen. Zum ersten Mal überhaupt. Die Frage, mit der alles anfing, war: »Was wäre geschehen, wenn der Sheriff in *Zwölf Uhr mittags* umgekommen wäre? Was wäre *danach* passiert?« Im Treatment

> von Ernest Tidyman kam der Bruder des Sheriffs zurück, um den Toten zu rächen, und die Einwohner waren so abscheulich und egoistisch wie in *Zwölf Uhr mittags*. Aber ich habe mich dann recht bald für eine bewusst andere Akzentuierung entschieden: Man weiß nie, ob der fragliche Bruder ein Teufel ist oder ein Engel. Das Publikum muss seine eigenen Schlüsse ziehen. (Clint Eastwood)

Eastwoods Gesicht ist, so der Filmkritiker Joe Hembus, in diesem Film »ein Seismograph, auf dem kein Erdbeben ausschlägt, und mit dieser universellen Pokermiene treibt er alles, und vor allem alles Morbide und Barocke, auf den Höhepunkt«.

> Wenn man in Sam Peckinpah einen unehelichen Sohn von John Ford sehen kann, dann erscheint Eastwood in vielerlei Hinsicht als der legitime Nachfahre von Anthony Mann, der archetypische Vergeltung zu seinem wichtigsten Motiv gemacht hat. (Jim Kitses)

Später erzählte Eastwood, er habe nach der Premiere einen Brief von John Wayne erhalten. Der war erbost und schrieb, so sei der Westen nicht gewesen, so seien die Menschen, die den Westen erobert hätten, nicht gewesen! Im Gegensatz zu John-Wayne-John-Ford-Western mit Städtchen, in denen man eine Kirche und eine Schule sieht, mendelt sich in Eastwoods Western die Wildnis nicht zum zivilisierten Garten Eden hoch. *Der Fremde ohne Namen* gemahnt an Rachedramen des Elisabethanischen Zeitalters, in denen bühnengemetzelt wird, in denen es Schmerzen, Demütigungen und Schändungen gibt.

Zentrale Motive vereinten sich hier, Rache, Gerechtigkeit, Buße, die die nächsten Jahrzehnte in allen Filmen Eastwoods zu finden sein sollten. Anderes wird leicht übersehen: Kameraführung, Bildgestaltung und Bildmanipulation. Clint Eastwood:

> Die allererste Einstellung sollte den Reiter stimmungsmäßig einführen. Ich nahm ein Detail der Hitzewelle aus der Ecke des *shots* und vergrößerte es so, dass es das ganze Bild einnahm. Anfangs konnte ich mit der Kameralinse nicht weit genug zurückfahren, um den Reiter aus dem Bild zu bekommen, daher setzt der Film mit einer leeren Leinwand ein und das Großdetail wird von hinten eingeblendet. Bei der Hitzewelle sieht man gar nicht, wie es sich auflöst. Details wie diese bilden die Tonlage des Films, von Anfang an habe ich den ganzen Film klar vor meinem inneren Auge gesehen.

Er und Bruce Surtees setzten Weitwinkel ein und arbeiteten mit ausgreifenden Einstellungen, so dass alles unwirklich hell wird, wie kurz vor dem Verglühen. Dafür sind die Innenaufnahmen voller Braun, Sienarot und dunklem Orange nur wenig ausgeleuchtet, um den Kontrast von Außen und Innen in geographischem, moralischem und allegorischem Sinn herauszustellen.

Was auf diese Düsterkeit folgte, war viel weniger dunkel. War ein Film über eine Midlife-Crisis und zarte Liebe: *Begegnung am Vormittag* (*Breezy*, 1973). Ein Kammerspiel über den einzelgängerischen wohlhabenden Makler Frank Harmon (William Holden), dessen Weg eine Zwanzigjährige kreuzt, Edith »Breezy« Breezerman. Er erkennt, wie elementar Liebe ist. Und wie sehr ihn diese junge, bestrickend unbeschwerte Frau lebendig macht. Es waren zwei großartige Rollen: eine für

William Holden, seit mehr als 30 Jahren ein Star in Hollywood, die andere für die blutjunge Kay Lenz. Doch der Film floppte, da vom Verleiher Universal stiefmütterlich behandelt und fast ein Jahr lang zurückgehalten. Dabei ist *Begegnung am Vormittag* atmosphärisch entspannt. Es ist ein Schauspieler-Film, nicht klein, nicht groß, zärtlich und einfühlsam, es gab Tragik, Verzweiflung und Glück. Erstaunlich sehenswert ist er geblieben, eine Trouvaille in seinem Œuvre. Und Eastwood als Regisseur eine Entdeckung.

> Ich hatte schon vergessen, wie angenehm Dreharbeiten sein können, wenn mich Clint fragt, wieder mit ihm zu arbeiten, habe ich immer Zeit. (William Holden)

Danach folgte, wonach sich das Studio Warner Bros. sehnte – eine Fortsetzung. *Dirty Harry II – Calahan* [mit nur einem ›l‹!] (*Magnum Force*, 1973; Regie: Ted Post) kann als Reaktion auf die Kritik an *Dirty Harry* eingestuft werden, als Fortführung der Debatte über urbanen Verfall und Selbstjustiz. Nun ist Harry Callahan eine lebende Legende. Wieder scheint der Täter seine Spiegelfigur zu sein. Verkleidet als Verkehrspolizist, begeht er Morde an Kriminellen, die aufgrund von Strafverteidigerfinessen und Lücken des Justizsystems freikamen. Bald wird klar, es ist kein Einzeltäter. Und die Polizeiuniform ist keine Verkleidung. Eine Gruppe junger Polizisten hat sich auf die Fahne geschrieben, San Francisco zu säubern und »Gerechtigkeit« auszuüben. Wie weit das Ganze nach oben reicht, zeigt das Finale. Ihre Antwort auf die Frage, wie Polizeiarbeit wirksam sein kann, ist die Verbeamtung von Selbstjustiz. Die Debatte des ersten Teils wird revidiert: Callahan zeigt sich angesichts seiner Imitatoren weitaus weniger radikal. Vielmehr am Ende als staatstreu. Systemerhalter und Systemzerstörer sehen einander in *Dirty Harry II* zum Verwechseln ähnlich. Der Film spielt durchgehend mit ›guten‹ und ›bösen‹ Cops.

Für den nächsten Film kaufte er Michael Ciminos Drehbuch, der am Skript von *Dirty Harry II* mitgearbeitet hatte. Cimino führte erstmals Regie und leitete Eastwood an, locker und entspannt zu sein (anfangs sogar als Priester mit Brille und gegelten Haaren). *Die Letzten beißen die Hunde* (*Thunderbolt and Lightfoot*, 1974) ist vieles: Gangstergeschichte, Suchgeschichte (die Gangster versuchen, die von einem verstorbenen Kumpan versteckte Beute aus einem Banküberfall ausfindig zu machen), *roadmovie*, Western mit Automobilen, *buddy movie*, wobei Eastwood mit dem 24-jährigen Jeff Bridges einen tollen Partner hatte (und im hitzigen George Kennedy buchstäblich einen *heavy*).

> Erst driftet das alles cool vor sich hin: die Hitze, die Männer, die grandiose amerikanische Landschaft, wenig Stadt, viel Land und See und Fluss mit ihren unübersehbaren, aber ziemlich entleert wirkenden Western-Signalen, die Pedal-Steel-Gitarre dazwischen. Dann aber führt die Vorgeschichte des Helden zu Action und Nachgeschichten, die sich mit dem Willen zum Abhängen beißen. Wie so viele amerikanische Filme der Zeit, *Easy Rider* allen voran, träumt auch *Die Letzten beißen die Hunde* von einem Männerleben ohne Gesellschaft, in Lightfoots Fall auch ohne jeden Anflug von vorausliegender Biographie, aber irgendwie sollen dann doch ein Heldenleben (und ein Genre-Plot) in den Mix. So ganz ernst gemeint und genommen wird beides wiederum nicht. Das führt zu ziemlich lustigen Episoden mit harten Männern in albernen Eisverkäufergefährten. (Ekkehard Knörer)

Das nächste Projekt, Ausflug ins James-Bond-*adventure*-Genre, war eine sportliche Herausforderung. Spielte in den Alpen. Und fiel wie ein Stein in die Tiefe. Das selbst inszenierte *Im Angesicht des Drachen* (*The Eiger Sanction*, 1975) ist eine der überflüssigsten Eastwood-Arbeiten. Ein Bergsteigerfilm mit drei Handlungssträngen, die sich nicht schlüssig zu einem fügen wollen. Dazu während der Dreharbeiten ein tödlicher Unfall. Was reizte Eastwood? Vielleicht die körperliche Herausforderung.

Dafür war, was als Nächstes folgte, sein Kommentar zum Vietnamkrieg. Es war ein Western, einer seiner besten. Es war *Der Texaner* (*The Outlaw Josey Wales*, 1976).

Josey Wales wird, nachdem Freischärler der Nordstaaten kurz vor dem Amerikanischen Bürgerkrieg seine Frau und seinen Sohn ermordet haben, zum Outlaw. Dann stellt sich die Bande der Bushwackers, Südstaaten-Vigilanten, denen er sich angeschlossen hatte, dem Militär des Nordens, ein Senator aus Washington verspricht ihnen Pardon. Und wieder lügt dieser Staatsvertreter – die Kumpane werden niedergemäht:

FLETCHER: »Verdammt, Senator. Sie haben versprochen, die Männer würden anständig behandelt werden.«

SENATOR: »Sie wurden anständig behandelt. Sie wurden anständig verpflegt, und sie wurden anständig *erschossen*.«

Wales entkommt, wird gejagt. Er will sich nach Texas durchschlagen. Nach und nach schließen sich ihm ein alter Indianerhäuptling an, eine junge Indianerin, eine weiße Familie. Sie alle lassen sich in einem Tal mit Bach nieder. Josey hat wieder eine Familie. Nach einem blutigen *shootout* beschert sie ihm, des

Tötens und Fliehens müde, Frieden und so etwas wie Heimat, abseits der Zivilisation.

Differenziert sind die Charaktere. Wales, der Trauer zulassen kann, ist biographisch und sozial verankert: Er hat eine Vergangenheit und eine Zukunft. Pointiert sind die Dialoge Sonia Chernus' und Philip Kaufmans, den Eastwood nach vier Tagen als Regisseur feuerte (woraufhin die Directors Guild of America ein Statut verabschiedete, dem zufolge kein Regisseur mehr während der Dreharbeiten durch ein anderes Crewmitglied ausgetauscht werden darf, auch bekannt als »Eastwood rule«):

JOSEY WALES: »You a bounty hunter?«
KOPFGELDJÄGER: »Man's got to do *some*thing for a living these days.«
JOSEY WALES: »Dyin' ain't much of a living, boy.«

Der Texaner ist auch eine politische Ansage. Nicht die Gesellschaft ist böse, sondern die Regierung, die lügt, betrügt, Blut an den Händen hat. (Der Film kam 15 Monate nach Ende des Vietnamkriegs in die US-Kinos.) Zugleich ist es eine Absage an den Einzelkämpfer. Josey Wales hat Rückhalt in einer Gemeinschaft gefunden.

Was man allzu gerne übersieht, auch wenn man es sieht, ist die Lichtsetzung. Eastwood und sein Kameramann Bruce Surtees, der brillante Arbeit ablieferte – und mit ganz Besonderem arbeitete, mit den letzten Posten eines speziellen Filmmaterials, dessen Produktion gerade eingestellt wurde, das bei Außenaufnahmen im Schwarzbereich eine reichere Sättigung brachte (genau das liebt Eastwood) –, variieren die Helligkeitsstufen. Wirkt das Licht zu Beginn eher idyllisch, wird es dann härter, ernster, gegen Ende wieder wärmer. Hier, in einem von

Eastwoods größten Western, ist der Held kein *loner*. Nicht die Gesellschaft braucht ihn – er braucht Gesellschaft. Und für ein gutes Leben Gewaltlosigkeit.

Nächstes Arbeitskapitel und, wieder typisch, ein Kontrast. Bei *Dirty Harry III – Der Unerbittliche* (*The Enforcer*, 1976) saß zwar James Fargo im Regiestuhl. Doch als Malpaso-Crewmitglied fungierte er als Stellvertreter für Eastwood. Teil 3 geht über den Topos des städtischen und gesellschaftlichen Zerfalls noch hinaus. Hier ist der Konflikt zum revolutionären Straßenkrieg mutiert. Eine Bombe explodiert mitten im Polizeirevier. Im Filmzentrum: Harry Callahan, der »Neandertaler«, der herablassend sexistische Super-Macho – es wird ihm eine unerfahrene Polizistin an die Seite gestellt (Tyne Daley, die einige Jahre später eine Hälfte von »Cagney & Lacey« werden wird), die er erst links liegen lässt, am Ende ehrt und betrauert. Callahan ist eine wandelnde »wild-west show«, wie es im Film heißt. Er ist als Ermittler überholt. Was auch bedeutet: Die Western-Elemente verschwinden endgültig aus den *cop movies*. Die Betonung des Körpers wird unaufhaltsam. Aus dem Ermittlergenre wird das Actiongenre.

Und es folgte ein – Actionfilm. Was *Der Mann, der niemals aufgibt* (*The Gauntlet*, 1977) angeht, will ich die Filmkritik herausfordern. Denn diese hat den Film als einen der schlechtesten in Eastwoods Filmographie bezeichnet. Was nicht stimmt. Ausdauernd ist dies über mehr als drei Jahrzehnte weitergereicht worden. Aber hat jemand sich wirklich den Film aufmerksam angesehen?

Schon als »Ben Shockley« aufzutauchen, ist ein Wagnis. Zudem wenn dieser Cop der Loser des Police Departments ist, zerzaust, ausgebrannt und jammernd, dass er noch immer keinen großen Fall zugeteilt bekommen habe. Seine Kollegen

»Every gun makes its own tune.«

Welche Knarre feuert in welchem Film?

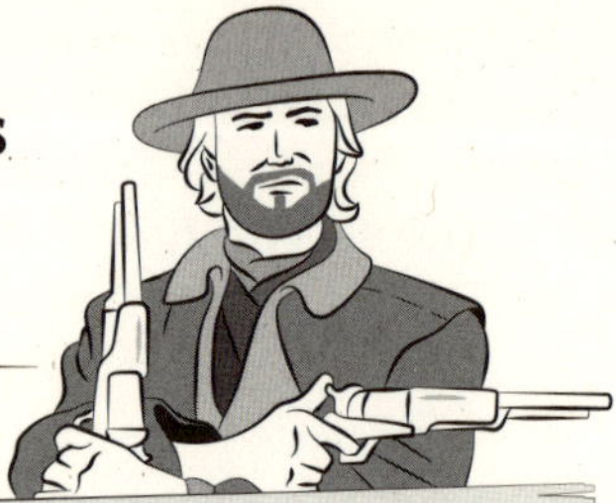

»Entgegen der öffentlichen Meinung verabscheue ich Gewalt.«
Clint Eastwood, 2014

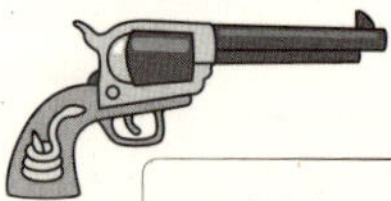

1873 Colt 45 Single Action Army

abgefeuert in *Für eine Handvoll Dollar* (1964)

Auch bekannt als »Peacemaker« oder »Frontiersman«, hier mit exotischer Schlangendekoration (vgl. S. 14), so, wie bereits von Rowdy Yates in *Rawhide* getragen. Produziert ab 1873.

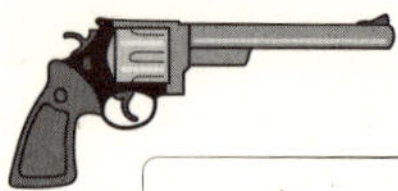

Smith & Wesson Model 29

abgefeuert in *Dirty Harry* (1971)

Ein sechsschüssiger Double-Action-Revolver, Kaliber .44 Magnum, berühmt geworden durch die *Dirty-Harry*-Reihe. 1955 entwickelt, ist das Modell mit Unterbrechungen bis heute in Produktion.

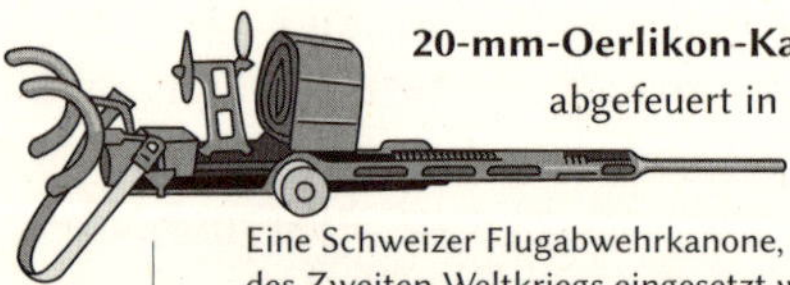

20-mm-Oerlikon-Kanone

abgefeuert in *Die Letzten beißen die Hunde* (1974)

Eine Schweizer Flugabwehrkanone, die von vielen Ländern während des Zweiten Weltkriegs eingesetzt wurde, so auch von der US-Navy. Hier verwendet, um eine Tresormauer einzureißen.

Colt Buntline Special Revolver

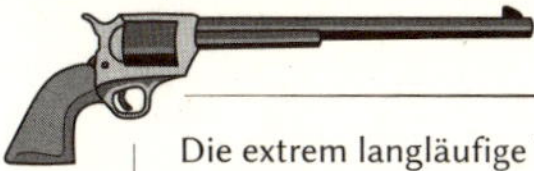

abgefeuert in *City Heat* (1984)

Die extrem langläufige Variante des Colt Single Action Army Revolvers, von Lieutenant Speer etwas großtuerisch zum Einsatz gebracht. Bereits Wyatt Earp soll ein solches Modell getragen haben.

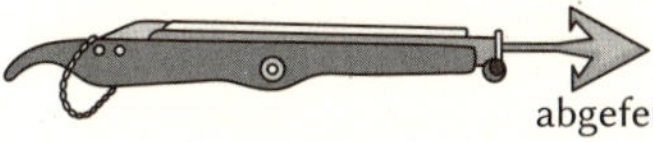

Harpune

abgefeuert in *Dirty Harry – Das Todesspiel* (1988)

Hier als riesenhafte Requisite an einem Filmset im Einsatz. Wird von Harry Callahan entwendet, um seinen Gegenspieler zur Strecke zu bringen.

W. Richards 10 Gauge Double Barreled Shotgun

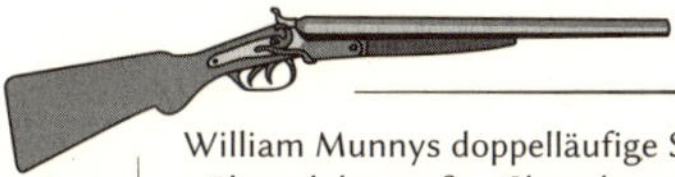

abgefeuert in *Erbarmungslos* (1992)

William Munnys doppelläufige Schrotflinte, die ihren Dienst ausgerechnet während des großen Showdowns verweigert. Produziert von Westley Richards, einer britischen Waffenschmiede.

M1 Garand

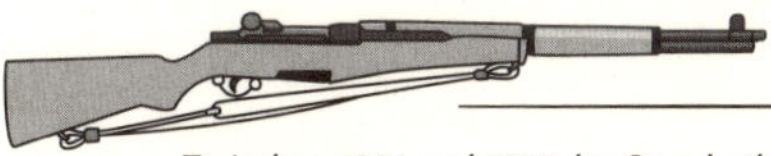

abgefeuert in *Gran Torino* (2008)

Zwischen 1936 und 1957 das Standardgewehr der US-Armee. Wird von Walt Kowalski in einer Truhe aufbewahrt und zur Abwehr von Einbrechern verwendet.

»Im Unterschied zu anderen Helden des Action-Kinos hat man bei Eastwood nie den Eindruck, dass er die Gewalt braucht, um sich seiner selbst zu versichern. (...) Er ist ein Pazifist, der die Gewalt nicht ablehnt.«

Michael Althen

wissen, weshalb. Und dann hat Ben ihn – ohne es zu wissen: Es ist dieser Film. Er muss nur zuhören. Was schwierig genug ist angesichts der Person Gus Mally, die er von Las Vegas nach Phoenix zu überstellen hat, »a nothing witness for a nothing trial«. Denn Gus ist eine Sie. Und sie redet so schnell, dass Shockley kaum mitkommt.

Natürlich ist das eine Karikatur. Und eine Dekonstruktion von Männlichkeit und Aggressivität, sei es sprachlich – eine Glanzszene ist der sexistische Monolog des Lokalpolizisten während der Autofahrt an die Staatsgrenze (wo dieser sogleich von korrupten Cops durchsiebt wird) –, sei es mittels Schusswaffen. Die Gewalt ist bis zur Lächerlichkeit überzogen. Ob beim Haus, das von 7000 Geschossen getroffen wird und kollabiert. Oder beim gepanzerten Bus, dem mehrere hundert Polizisten das bleihaltige Geleit – *gauntlet* heißt zu Deutsch ›Spießrutenlauf‹ – geben und ihn mit Hunderten von Salven durchlöchern. Am Schluss kriecht Eastwood aus dem zerschundenen Bus, im weißen, blutbespritzten T-Shirt und glassplitterübersät. Elf Jahre später war John McLane alias Bruce Willis in *Stirb langsam* (*Die Hard*, 1988) ein Ben Shockley-Echo (allerdings aus dem Fitnessstudio): ein muskelbepacktes Patronen-Ziel im weißen, blutbespritzten T-Shirt und von Glassplittern übersät, coole Sprüche schwingend (jene von Gus) und als postmoderner Cartoon fern der erwachenden Reflexivität Shockleys. (2006 drehte Willis dann mit *16 Blocks* ein Remake von *The Gauntlet.*) Diese Gewaltorgien haben sich mittlerweile in globalen Seherwartungen niedergeschlagen. Sylvester-Stallone-Arnold-Schwarzenegger-Vin-Diesel-Dwayne-Johnson-Blockbuster, in denen die Körper zu Kampfmaschinen mutieren und jeder Zweifel an Männlichkeit durch Steroide beseitigt ist, sind ausnehmend erfolgreich.

Shockley ist der erste Anti-Cop, dem Eastwood seinen langen Körper leiht. Er ist der Mann, der aushält und erträgt, dabei Tiefschläge und eine Verschwörung nicht überreißt. Gus (Sondra Locke, damals privat seit knapp zwei Jahren Eastwoods Geliebte) demontiert ihn. Wonach sehnen sich jene Kritiker eigentlich, die nicht genau sehen wollen, wie Eastwood diesen Am-Ende-Charakter anlegte – nach der ursprünglich angedachten Besetzung mit Steve McQueen und (ausgerechnet) Barbra Streisand, die sich aber schon bei Vorgesprächen so in die Wolle bekamen, dass McQueen hinwarf?

Und dann, habituell, ganz anderes. Eine Komödie. Besser gesagt: eine »Komödie«: *Der Mann aus San Fernando* (*Every Which Way but Loose*, 1978). Ein Fernfahrer und Haudrauf, der sich zusätzlich etwas bei illegalen Boxveranstaltungen dazuverdient. Er verliebt sich in eine Country- und Western-Sängerin, verliert sie, gewinnt sie zurück, verliert seinen letzten Kampf. Fährt mit neuer Liebe und bestem Freund in den Sonnenuntergang und zu einem Häuschen im Grünen. Der beste Freund war: ein Orang-Utan. Das Ganze war gedacht als *box office*-Vehikel. Immerhin die Gewinnspanne war eindrucksvoll, im Gegensatz zu allem anderen: Produktionskosten 5 Millionen US-Dollar – Einspielergebnis: 124 Millionen US-Dollar in den USA, 200 Millionen US-Dollar weltweit im ersten Jahr. Es war der erste Eastwood-Film auch für Jüngere. Darauf spekulierte der Geschäftsmann Eastwood, auf die Verbreiterung seines Publikums. Lustiger als der Film waren die Kritiken. David Ansen fragte in *Newsweek*: »Dem Orang-Utan kann man verzeihen, dass er mitgespielt hat, aber was ist Eastwoods Ausrede?«

Das nächste Projekt hatte eine mittellange Odyssee hinter sich. Und war seit einiger Zeit das erste Projekt, das Eastwood nicht mit Warner Bros. machte, sondern mit dem Paramount-Studio, denn dort hatte es Siegel, der die Rechte am Drehbuch erworben hatte, unterbekommen. Eigentlich wollten die Studio-Bosse den Beau Richard Gere für die Hauptrolle.

Sieht man sich *Flucht von Alcatraz* (*Escape from Alcatraz*, 1979) anders an, weil man weiß: Es war die letzte Zusammenarbeit von Eastwood und Siegel? Sieht man genauer hin, weil nach einer Dekade beide voneinander gelernt hatten – Siegel auch von Eastwood – und sie nun wussten, wie eine Imago aufzubauen, zu zerschlagen und im Wortsinn einzumauern war? Oder weil beide so fasziniert von Reduktion waren, von der Intensität der Probe, die gefilmt und genommen wurde, oder des ersten Takes, der oft der letzte war? Don Siegel in seinen Memoiren:

> Clint macht als Schauspieler keine Mätzchen. Für das ungeschulte Auge scheint er nicht zu schauspielern, aber gerade darin liegt eine der größten schauspielerischen Leistungen. Die meiste Zeit spricht er mit sanfter Stimme und nimmt sich selbst so sehr zurück, dass seine Mitspieler manchmal zu übertreiben scheinen. Er ist ein angenehmer, umgänglicher und witziger Mensch, aber wenn er arbeitet, ist er sehr professionell. Er liebt es, eine Szene schnell zu drehen, ohne dabei die geringste Nachlässigkeit zu dulden: Er stellt an die Crew und seine Kollegen hohe Ansprüche. Auch wenn Clint das Image besitzt, stets gelassen zu sein, ist mit ihm nicht zu spaßen, falls er einmal die Fassung verliert. Er lässt sich weder Blödsinn gefallen, noch verliert er Zeit. Während unserer Zusammenarbeit waren wir stets offen und ehrlich zueinander, und so hatten wir bei all der Aufregung, die die Produktion eines Films mit sich bringt, nie einen

ernsthaften Streit. Vielleicht, weil er in mir einen Ersatzvater sieht. Wenn das der Fall sein sollte, macht es mich sehr stolz.

Das schrieb er einige Jahre, nachdem *Flucht von Alcatraz* abgedreht und er zu krank war, um noch arbeiten zu können, weichzeichnend. Denn die Dreharbeiten dieses Ausbrecherdramas waren schwierig, am Ende überließ Siegel seinem Hauptdarsteller den *final cut*.

Eastwood war so gut wie seit langem nicht mehr, ganz in seinem Körper gefangen. Das Maskenhafte ist aufs Existenzielle reduziert. Cinéphile verführte dies zu Vergleichen mit Robert Bressons *Ein zum Tode Verurteilter ist entflohen* (1956) – der Franzose über seinen Film: »Was mir vorschwebt, ist gleichzeitig ein Film der Dinge und der Seele.« Eben dies gelang auch Siegel und Eastwood. Daher die positiven Kritiken. Seitens des Publikums fiel das Echo verhaltener aus. *Flucht von Alcatraz* kam auf ein Drittel des Einspielergebnisses von *Der Mann aus San Fernando*. Woran Eastwood zu knabbern hatte. Dabei ist *Flucht*, ein grimmiger Film eines scheinbar ausweglosen Mikrokosmos, unverändert sehenswert, und im Gesamtœuvre wichtiger als der Klamauk mit Affe. Frank Morris (Eastwood) ist verletzlich, emotional wie physisch, vor allem: Ihm ist seine Verantwortung bewusst. Die für sich, noch mehr die für andere.

»A man alone is easy prey.« – Die Achtziger

Im nächsten Film – und Eastwood realisierte weiterhin nahezu jedes Jahr ein neues Projekt – ist die Verletzlichkeit noch größer. Weil die Hauptfigur stirbt – und das gibt es bei Clint Eastwood nur dreimal.

Bronco Billy (1980) ist einer der am stärksten unterschätzten Filme Eastwoods. Weil es eine Herausforderung war. An sich, an sein Image und an die Zeit. Zu Beginn der Reagan-Jahre, als heroische Hollywood-Motive in die Rhetorik eindrangen und in die Politik, drehte Eastwood einen selbstironisch-tragikomischen Film über einen Fast-Don-Quixote, Bronco Billy, der einen traurigen Western-Zirkus betreibt. Und immer melancholischer wird. Doch das Märchen endet gut. Eastwood erinnerte sich an die Lektüre des Drehbuchs:

> Mein erster Gedanke war, ein Frank Capra oder ein Preston Sturges hätten diesen Film auf ihrem kreativen Höhepunkt drehen können. Da waren Werte, die es als Gegensatz zu den Sechzigern, zu Vietnam und Watergate auszuloten galt. Die Titelfigur ist ein Verlierer, der das nie zugeben würde und der so was wie ein Schutzschild gegen Zynismus war. Es war nicht altmodisch, und doch in gewisser Weise

Preise (Auswahl)

2016 Nippon Akademī-shō (Japanese Academy Award) für *American Sniper* (Bester ausländischer Film)

2015 Patriot Award der Navy Seal Foundation

2010 César (Französischer Filmpreis) für *Gran Torino* (Bester ausländischer Film)

2009 Goldene Kamera Lebenswerk International * National Medal of Arts des National Endowment for the Arts * Premio David di Donatello (Italienischer Filmpreis) für *Gran Torino* (Bester ausländischer Film)

2008 Nippon Akademī-shō (Japanese Academy Award) für *Letters from Iwo Jima* (Bester ausländischer Film) * Spezialpreis der Filmfestspiele von Cannes für das Lebenswerk

2007 Golden Globe für *Letters from Iwo Jima* (Bester fremdsprachiger Film) * Nippon Akademī-shō (Japanese Academy Award) für *Flags of Our Fathers* (Bester ausländischer Film) * Spirit of Independence Award des Los Angeles Film Festivals

2006 César (Französischer Filmpreis) für *Million Dollar Baby* (Bester ausländischer Film) * Nippon Akademī-shō (Japanese Academy Award) für *Million Dollar Baby* (Bester ausländischer Film) * Stanley Kubrick Britannia Award for Excellence in Film der British Academy of Film and Television Arts

2005 Golden Globe für *Million Dollar Baby* (Beste Regie) * Zwei Oscars für *Million Dollar Baby* (Bester Film, Beste Regie) * Premio David di Donatello

(Italienischer Filmpreis) für *Million Dollar Baby* (Bester ausländischer Film)

2004 Australian Film Institute Award für *Mystic River* (Bester ausländischer Film) * César (Französischer Filmpreis) für *Mystic River* (Bester ausländischer Film)

2000 Leone d'oro alla carriera der Filmfestspiele von Venedig

1998 Ehren-César (Französischer Filmpreis) * Lifetime Achievement Award in Motion Pictures im Rahmen der Golden Laurel Awards of the Producers Guild of America

1996 American Film Institute Life Achievement Award

1995 Douglas Sirk Award des Hamburg Film Festivals

1993 Bronze Wrangler der Western Heritage Awards für *Erbarmungslos* * Golden Globe für *Erbarmungslos* (Beste Regie)

1992 Zwei Oscars für *Erbarmungslos* (Bester Film, Beste Regie)

1991 Golden Boot der Golden Boot Awards

1989 Golden Globe für *Bird* (Beste Regie)

1988 People's Choice Award als Favorite All-Time Motion Picture Star

1982 Special Award der ShoWest Convention als Male Star of the Decade

1981, 1984, 1985 und 1987 People's Choice Awards als Favorite Motion Picture Actor

1961, 1962, 1964 Bronze Wrangler der Western Heritage Awards für *Rawhide*

altmodisch. Es machte Spaß, Billy zu spielen, weil er seine Würde einbüßte, so wie die Hauptfigur in [Frank Capras] *Ist das Leben nicht schön?*, um sich zu ändern und alles gut ausgehen zu lassen.

Es geht um die *conditio humana*, um Träume, Gefühle, tragische Illusionsillusionen. Das Ikonische entpuppt sich als Trauer. »Die Millionen Menschen, die sich *Bronco Billy* anschauen, werden wahrscheinlich wehmütig zurücklächeln«, schrieb Richard Corliss im *Time Magazine*. Nur waren es keine Millionen von Kinobesuchern.

Danach erneut eine absichtliche Kehrtwende zum Kommerz – Eastwood ist stets ein umsatz- und gewinnbewusster Rechner gewesen; Gewinn sicherte Unabhängigkeit und künstlerische Autonomie. Eine Fortsetzung. *Mit Vollgas nach San Fernando* (*Any Which Way You Can*, 1980). Wieder Philo Beddoe, der harte, unverwüstliche Boxer. Und zugleich die Parodie auf ihn. Wieder Sondra Locke. Wieder ein Orang-Utan (ein anderer als 1978, der inzwischen zu groß war). Wieder ein Happy End. Eine Spur amüsanter als der Vorgängerfilm, aber nicht sehr. Eine Fortsetzung, fast doppelt so teuer wie der erste Film und an den Kinokassen ein bescheidener Erfolg. Eastwood ließ Wayne »Buddy« Van Horn, seit Jahren sein Stuntdouble, im Regiesessel Platz nehmen.

In Reagans neokonservativem Washington war der Film-Star Eastwood als Sympathisant der Republikaner ein gern gesehener Gast, er lernte Militärs kennen und private Militärunternehmer. Dies gab den Anstoß für einen Abstecher ins filmische Militär- und Agentengenre, *Firefox* von 1982, eines der am stärksten ins Vergessen abgesunkenen Werke. Zu Recht. Es geht um eine geheime Flugwaffe, die – wir sind im Kalten

Eastwood und der Sport

Clint Eastwood war sein Leben lang äußerst sportlich und ernährt sich bis heute sehr bewusst. Im Alter von 50 Jahren verschärfte er dies noch, nachdem er die Ernährungswissenschaftler Durk Pearson und Sandy Shaw kennengelernt hatte. Sie hatten ein Gesundheits- und Anti-Aging-Programm namens *Life Extension* entwickelt. 1981 veröffentlichten sie ein Buch gleichen Titels. Darin erzählen sie von einem »Mr. Smith«, der ihre rigiden Theorien über längere Zeit angewandt hatte: eine bewusste Überdosierung mit Vitaminpräparaten und Mineralien, jeden Tag zwei Fünfkilometerläufe, zwei Stunden *workout* im *gym*, zwei längere Meditationen und eine streng vegetarische, fettfreie Ernährung. Dieser »Mr. Smith« war Clint Eastwood. Der bis heute dem Golfspiel frönt.

Krieg – die Sowjets gebaut haben. Sie verfügt (die Vorlage, Craig Thomas' Spannungsroman, war von 1977!) über ein gedankengesteuertes Waffensystem. Den Jet entführen könnten viele. Ihn steuern kann nur einer, Mitchell Gant, im Vietnamkrieg der beste Pilot der US Air Force, aber stark traumatisiert. Verfolgungen, Identitätswechsel, ein dramatischer Luftkampf, ein Happy End. Eastwood inszenierte und spielte die Hauptrolle. Dabei ist dies eine Arbeit, die genauso gut mit einem anderen Schauspieler »funktioniert« hätte. Ein überausstaffierter, seelenloser Film. Damit suchte Eastwood erst- und letztmalig eine Tech-Aufrüstung seiner Physis. Doch diese trug nicht weit. Selbstredend lud der Titel zu Wortspielen ein, lahme Ente oder feucht gewordener Knallfrosch.

Und dann starb Clint Eastwood ein zweites Mal. Diesmal als tuberkulosekranker Countrysänger Red Stovall, der seine letzte große Chance hat, aber während Konzert und Schallplattenaufzeichnung Blut hustet und stirbt. *Honkytonk Man* von 1982 spielt während der Großen Depression. Es ist wie bei *Bronco Billy* der Tod eines schein-naiven Unbeirrbaren. Der »Eastwood-Charakter ist an einer weiteren Sollbruchstelle der amerikanischen Mythologie aufgetaucht. Und auch Eastwood selbst zelebriert das Altmodische. Es war der endgültige Abschied von der rechtsanarchistischen Rächergestalt, und Amerika wollte nichts davon wissen: *Honkytonk Man* wurde Eastwoods größter kommerzieller Misserfolg.« (Zumindest bis dahin.) Der Romancier Norman Mailer, der Eastwood ein langes Porträt widmete, schrieb damals: »Dies ist einer der traurigsten Kinofilme seit langer Zeit, aber, wenn ich darüber nachdenke, ein wirklich großartiger. Man spürt, wenn man hinschaut, eine Zärtlichkeit für Amerika.«

Und wie schon nach *Bronco Billy*, dem ersten Anlauf, Amerikas Ikonen zu ›durchröntgen‹, folgte anschließend ein Dirty-Harry-Film. Diesmal der erste, den Eastwood offiziell inszenierte.

HARRY CALLAHAN: »Wir werden euch sonst hier nicht rausspazieren lassen.«
BANKRÄUBER: »Wer ist wir, Drecksack?«
HARRY CALLAHAN: »Smith, Wesson und ich, mein Junge.«

Dirty Harry kommt zurück (*Sudden Impact*, 1983) unterschied sich mehrfach von seinen Vorgängern. Die sechs großen Actionszenen waren jeweils anders, eine Repetition eines Schusswechsels aus Teil I, eine Finte, eine nächtliche Verfolgung, ein Finale auf einem Jahrmarkt mit Karussell. Er spielte erstmals außerhalb San Franciscos. Callahan erhielt ein gesellschaftliches Umfeld. Und: Wer der Täter respektive die Täterin war, steht von Anfang an fest. Es war eine Hommage an den *film noir* der 1940er Jahre, vor allem in Gestalt der à la Veronica Lake frisierten blonden Sondra Locke. Wieder gibt es Traumata. Wieder Soziopathenrollen, die zur Übertreibung einluden. Am Ende ist Harrys Wumme so gewaltig wie nie zuvor. Es geht um Tragik, Trauer, Vernichtung, schließlich um Vertrauen, Sozialität und Erlösung. Mit dieser Arbeit macht Callahan den Schritt von der Physis zur Metaphysik.

Viel dunkler, in nahezu jeder Hinsicht, war 1984 eine weitere Ausleuchtung von Grenzen – *Der Wolf hetzt die Meute* (*Tightrope*, 1984). Ein Familienvater, der sexuelle Grenzen überschreitet. Ein Polizist, der moralische Grenzen überschreitet. Der in Abgründe abtaucht. Fast ein Exerzitium, mit limitierter Erlösung. Dieser Wes Block ist hochambivalent, hat einen Schlag bei Frauen und gibt doch seinen Trieben nach. Neuerlich ein Antiheld, ein Gebrochener, Verworrener. Und an den Kinokassen ein Erfolg (allein in den US-Kinos 48 Millionen US-Dollar). Eine der zwei Filmtöchter spielte Alison Eastwood, eins von Eastwoods Kindern.

Bei *City Heat* lief 1984 eigentlich alles schief. Was war das Drehbuch von Blake Edwards, dem Hollywood-Routinier (*Der rosarote Panther* [*The Pink Panther*, 1963]), nur? Hommage an den Gangsterfilm der Dreißiger? Dessen Parodie? Eastwood und sein Ko-Star Burt Reynolds hatten Mitspracherecht am Skript; und Reynolds setzte über Monate hinweg so manches durch, was den so zeiteffizienten Arbeiter Eastwood wütend machte, weshalb er viel Zeit zum Abkühlen auf dem Golfplatz verbrachte. Kurz vor Drehbeginn reichte es dem Produzenten

Eastwoods Beziehungen

1984 ließ sich seine Frau Margaret nach 31 Jahren Ehe scheiden, nachdem die Ehe schon seit Jahren zerrüttet war. Die Trennungskosten beliefen sich für Eastwood auf geschätzt 28 Millionen US-Dollar plus Aufteilung von Wohneigentum plus Alimente. Eastwood war seit längerem, wenn auch emotional wechselhaft, mit Sondra Locke, seiner Partnerin auf der Leinwand, liiert. Dissonanzen mit dieser sollten sich bald ob unterschiedlicher Karrieregestaltung einstellen. Als Locke einen eigenen Film inszenieren wollte, *Ratboy*, fungierte Eastwood als (wie nicht selten dominanter) Produzent, Locke fühlte sich kreativ überfahren, der Film lief 1986 in nur einem Kino in New York und in einem in Los Angeles. Ihre Beziehung war da nicht nur beruflich an einem Tiefpunkt angelangt.

Eastwood, der den Regisseur Edwards als überfordert einstufte, und er ersetzte ihn durch Richard Benjamin, der das Ganze in Studiokulissen, die nach Studiokulissen aussehen, ideenfrei abschnurren ließ. Zudem bekam Burt Reynolds, damals – noch – ein zugkräftiger Star (sein Honorar betrug vier Millionen US-Dollar, das von Eastwood fünf Millionen US-Dollar), gleich an einem der ersten Drehtage von einem Komparsen statt wie geplant einen präparierten Stuhl aus Balsaholz einen Schemel aus Metall ins Gesicht gedroschen. Folge: ein angebrochener Kiefer und mimischer Minimalismus. Endresultat: Langeweile und Eastwood auf Autopilot.

Die nächste Produktion kreiste um Familie. Besser gesagt: um »Familie«. Eastwood reanimierte, mal wieder Erwartungen gegen den Strich bürstend, das Westerngenre, das anno 1985 als mausetot galt.

> Der typische Western ging jahrelang so: Held reitet in die Stadt, sieht Lehrerin auf der Schulveranda, sieht, wie ein Mann ein Pferd schlägt, schreitet ein, schlägt den Mann, der das Pferd geschlagen hat, während Lehrerin zusieht. Man weiß, dass zwei zusammenkommen werden und dass es nicht der Mann und das Pferd sein werden. (Clint Eastwood)

Unmittelbarer Bezug war *Mein großer Freund Shane*. Aber in *Pale Rider – Der namenlose Reiter* (*Pale Rider*, 1985) war der aus dem Nichts in einer Goldschürfersiedlung auftauchende Held tatsächlich eine spirituelle Erscheinung, er trägt einen Priesterkragen. Kann aber besser als andere mit dem Colt umgehen. *Pale Rider* schlug ein neues Kapitel in Eastwoods Umgang mit Heldentum und Mythos auf. Es spielte nicht mehr in pastoraler Landschaft, sondern nun ist die Natur gefährdet, durch Raubbau. Der Minenbesitzer LaHood ist der verbrecherische Umweltsünder. Der rätselhafte Heros steht einer kapitalistischen Raubtiergesellschaft gegenüber. Sein Einzelgängertum kollidiert mit Technik und Moderne.

> Ein Mann allein ist eine leichte Beute. Nur wenn ihr zusammenbleibt, könnt ihr die LaHoods in dieser Welt besiegen.

Der Subtext der Erlösung und der gemeinschaftlichen Einheit und Solidarität entwickelt sich ins Übernatürliche. Marshal Stockburn, des Minenbesitzers Mietkiller, kann nicht glauben, wer ihm da gegenübersteht. Der Preacher, die Narben auf seinem Rücken zeigen es, hätte ihre letzte Auseinandersetzung gar nicht überleben können.

Heartbreak Ridge (1986) war, Kehrtwende zu einem ganz anderen Publikum, Eastwoods national-soldatisches Statement zu den Reagan-Jahren. Es war die Zeit, in der militaristisch-reaktionäre Macho-Phantasien die Leinwand eroberten, *Rambo II: Der Auftrag* (*Rambo: First Blood Part II*, 1985), *Top Gun* (1986) oder John Milius' *Die rote Flut* (*Red Dawn*, 1984). Zu den schattierten Charakteren zuvor war Tom Highway, ein Gunnery Sergeant, der aufsässig gegenüber seinen liberalen Softie-Vorgesetzten ist und seine Rekruten so lange schleift, bis sie in jeder Hinsicht kampffähig sind, ein Bruch – ein absichtlicher, den Blick gerichtet auf die Patriotismus-Stimmung an den Kinokassen. Man erahnt, worauf Eastwood hinauswollte. Highway ist emotional gescheitert. Einziger Lebens-Halt: der »Dienst« mit seinen unhinterfragbaren Regularien. Er ist, wie es einmal heißt, ein gefährlicher Anachronismus. Diesen »super-macho« (Eastwood) und dessen Derbheiten spielte er aber zu ironiebefreit. Ganz diesen Jahren entsprechend war das Einspielergebnis stolz, allein 70 Millionen US-Dollar in den USA. Eastwood und Warner Bros. hatten inständig auf Oscars gehofft, wurden aber enttäuscht. Eastwood suchte danach, wie häufig bei Enttäuschungen, die Schuld nicht bei sich, sondern fand den Sündenbock in seinem Produzenten Fritz Manes, der sein persönlich längster Mitarbeiter war, und feuerte ihn. (Erfolg gehörte stets ihm, Eastwood, allein.) Ein Bruch mit bösem Blut, sie sprachen bis zu Manes' Tod 2011 nie mehr miteinander.

Und dann drehte er wieder einen Dirty-Harry-Film, den letzten: *Das Todesspiel* (*The Dead Pool*, 1988, Regie: Buddy Van Horn). Wie schrieb Georg Seeßlen? »Dirty Harrys Wahn rührt

Bürgermeister Eastwood

1986 kandidierte Clint Eastwood, seit zwanzig Jahren der Republikanischen Partei nahestehend, für das Amt des Bürgermeisters in Carmel-by-the-Sea, Kalifornien, jener Stadt, in der er seit mehr als 20 Jahren lebte und wo er mit dem Hog's Breath Inn ein eigenes Restaurant betreibt. Aufkleber mit dem Spruch »Go ahead, make me mayor!« wurden verteilt. Seine Wahlkampfausgaben betrugen mehr als 40 000 US-Dollar, die seiner Konkurrentin, der Amtsinhaberin, 300 US-Dollar. Bei der Abstimmung am 8. April 1986 bekam er 72 Prozent der Stimmen. (Am Tag danach gratulierte ihm, der zwei Filme mit Orang-Utans gedreht hatte, US-Präsident Ronald Reagan, früher

möglicherweise auch daher, dass die Zeichen nicht mehr stimmen.« Was hier zutrifft. Denn ausgerechnet Callahan soll nun als neuer Werberepräsentant der Polizei dienen, was das zentrale Thema vorwegnimmt, das Widerspiel von Polizei und Medien. Medienkritik ist omnipräsent. Callahans Meinung wird bereits früh deutlich, als er eine Fernsehkamera zerstört. Fernsehen, gierig nach Schlagzeilen und Live-Schalten, ist hier ein zusätzlicher Teil des Systems, der die polizeilichen Ermittlungen erschwert. Während die Polizei an schnellen, medienwirksamen Erfolgen interessiert ist, gieren die Medien nach Sensationen, fordern Heldenfiguren ein. So selbstreflexiv und die gesamten Vorläuferfilme bespiegelnd, war kein anderer Dirty-Harry-Film. Das fängt mit der zweiten Hauptfigur an, einem Filmregisseur (Liam Neeson). Der Killer collagiert seine Identität aus filmischen Versatzstücken. Die Zeichen stimmen

selbst Schauspieler und 1951 an der Seite eines Schimpansen in einem Film zu sehen, telefonisch: »Was macht nur ein Schauspieler, der mit einem Affen in einem Film aufgetreten ist, in der Politik?«) In seiner zweijährigen Bürgermeisterzeit – länger als bis 1988 wollte er von Anfang an nicht das wöchentlich mit 200 US-Dollar dotierte Amt bekleiden, rasch trat er die administrative Arbeit an seine Wahlkampfmanagerin ab – wurden unter anderem das Verkaufs- und Verzehrverbot von Eiscreme im öffentlichen Raum aufgehoben, aber auch einige Immobilienprojekte verhindert (auch ein eigenes).
Wohl seinem Einfluss verdankte sich, dass Papst Johannes Paul II. während seiner Amerikareise einen Zwischenstopp in Carmel einlegte.

nicht mehr. Weil sie zu *breaking news*-Raserei mutiert sind. Und doch war es ein schwacher Abschluss. Alles war ambitioniert, und zugleich merkwürdig billig. Das Ergebnis an amerikanischen Kinokassen von 37,9 Millionen US-Dollar klingt nicht schlecht. *Stirb langsam* (*Die Hard*) aber spielte zeitgleich 83 Millionen US-Dollar ein.

Im Anschluss an diesen Abschluss griff Clint Eastwood für sein nächstes Projekt auf seine zweite Liebe, den Jazz, zurück. Und auf die Erinnerung an ein Jazzkonzert in Oakland, das er 1946 besucht hatte:

> Da kam ein Kerl in einem Nadelstreifenanzug von hinten auf die Bühne, stellte sich an die Seite hin, die Band hat voll losgelegt, und dann tritt er plötzlich nach vorne, fängt an zu spielen, und alles ist doppelt so wild. Ich habe nur gedacht:

»Wie macht er das verdammt noch mal?« [...] Es war eine Lehrstunde der Schauspielkunst – das gewaltige Selbstvertrauen zu sehen, das er ausstrahlte. Ich habe nie einen Künstler gesehen, keinen Schauspieler, keinen Maler, überhaupt keinen Kreativen, der diese Art von Selbstvertrauen besaß.

Er, das war Charlie Parker, der Tenor- und Sopransaxofonist, einer der größten Musiker des Jazz. Ihm widmete Eastwood 1988 einen hinreißenden Film. Ein Mann und seine Dämonen. Musik und ihre Schönheit. Das ist *Bird*. Mit einem großartigen Forrest Whitaker als Charlie »Bird« Parker, der sich zu Tode spielt, säuft und spritzt. Ein Film, den man nicht von Eastwood erwartet hätte. Nicht so sensibel. Und auch nicht so durchgehend schattiert. Pauline Kael, selten um eine Bösartigkeit verlegen, spottete, der Film sei dermaßen dunkel fotografiert, Eastwood habe wohl die Stromrechnung nicht bezahlt. Der Film wurde im Mai 1988 auf dem Filmfestival von Cannes gezeigt. Der Jury gehörte damals der Drehbuchautor William Goldman an:

Bird war mit Abstand die beste Regiearbeit in diesen vierzehn Tagen [des Festivals]. Das einzige Stigma war Eastwood und alle seine Actionfilme. Wie konnte er nur wagen, einen Kunstfilm zu drehen? Und das richtig gut? Ich glaube, hätte Francis Ford Coppola *Bird* inszeniert, hätten ihn die Kritiker wieder ganz oben an die Spitze der Top-Regisseure gesetzt, neben Woody Allen. Und hätte Allen ihn gedreht, dann hätten sie ihn in einem Atemzug mit Orson Welles genannt.

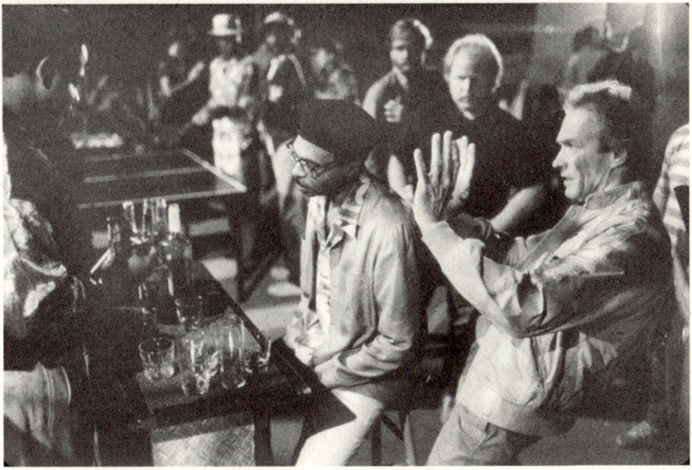

Eastwood beim Dreh von *Bird* (1988)

Nur das Publikum, besonders das US-amerikanische, konnte mit diesem Film wenig anfangen.

Der nächste Film sollte unbedingt ein Kassenschlager werden. So wurde er auch konstruiert, halb Komödie, halb Actionfilm. Doch *Pink Cadillac* (1989) ist keins von beiden. Eastwood ist ein Privatdetektiv, der Kautionsflüchtige jagt, in Reno auf Lou Ann angesetzt wird, die mit einem pinkfarbenen Cadillac getürmt ist und ihrerseits von einer rechtsextremen Gang verfolgt wird, da die Viertelmillion im Kofferraum des Autos nicht Falschgeld ist, wie sie meint, sondern echt und es sich um die Finanzen der Heimatfrontler handelt. Etwas Liebe, ein blutiges Finale, wenig Chemie zwischen Eastwood und Bernadette Peters (mit 80er-Jahre-Augenkrebs-Frisur), 116 überlange Minuten. Der Film floppte an den Kinokassen.

Eastwood und der Jazz

Clint Eastwood spielt seit seiner Jugend Klavier und liebt Jazzmusik. Zu seinen Lieblingsmusikern zählen Charlie Parker, Lester Young, Thelonious Monk, Dave Brubeck (den er persönlich kennenlernte), Fats Waller und der Blues-Musiker Robert Johnson. Er komponiert auch. Einige Jahre nach *Bird* wagte er es zum ersten Mal, eine seiner Kompositionen als Filmmusik einzusetzen. Was er ab dann regelmäßig getan hat. Am 17. Oktober 1996 wurde ihm und seiner (Film-)Musik ein ganzer Abend in der Carnegie Hall in New York eingeräumt: »Eastwood After Hours – Live at the Carnegie Hall New York«. Es traten Größen des zeitgenössischen Jazz auf, unter anderem Kenny Barron, Joshua Redman, Thelonious Monk jr., Hank Jones und Christian McBride. Seit 1992 gehört er auch dem Board of Directors des 1958 gegründeten Monterey Jazz Festivals an, das er seit Anbeginn fast regelmäßig besucht hatte und bei dem er einige Male auch auftrat.

Währenddessen war Eastwood schon, mittlerweile privat in einem garstigen, rachedurstigen Trennungskrieg mit Sondra Locke, dabei, seinen nächsten Film zu drehen, Verbeugung vor der Hoch-Zeit Hollywoods und Biographie eines Abenteurers/Regisseurs.

»Nobody better shoot.« – Die Neunziger

»Action!« Und Aus. »Action!« war das letzte Wort in *Weißer Jäger, schwarzes Herz* (*White Hunter Black Heart*, 1990 – übrigens verzichtet Eastwood als Regisseur auf das laute Kommando »Action!«; bei *Rawhide*, so seine Erklärung, scheuten so angeschrien die Pferde, er setzt lieber auf ein leises »It's rollin'«, die Kamera läuft.) John Wilson (Eastwood) ist ein sacht verschleierter John Huston, der, statt in Afrika die Dreharbeiten von *African Queen* (1951) vorzubereiten, davon besessen ist, einen Elefanten zu schießen. Wodurch ein Mensch sein Leben verliert. Kunst, Leben, Egomanie, Abgründe, Selbsterfindung: Wilson, der arrogante Rebell, ist kein sonderlich sympathischer Charakter. Eastwood ging wieder ein Risiko ein, forderte sich schauspielerisch stark. Was die Kritik wenig honorieren wollte, auch wenn ihm ein Kritiker die Anverwandlungstalente eines Laurence Olivier attestierte. Das Publikum wusste noch viel weniger mit diesem *biopic*, einem Herzensanliegen, anzufangen – es sollte der größte wirtschaftliche Misserfolg in Eastwoods Karriere werden.

Zeichnete sich nun ab, dass Eastwood nach 48 Filmen mit 60 Jahren Kassengift war? Aus Sicht von Warner Bros. brauchte es nur ein Vehikel, ihn wieder wirtschaftlich flottzukriegen;

Flops
in US-Dollar

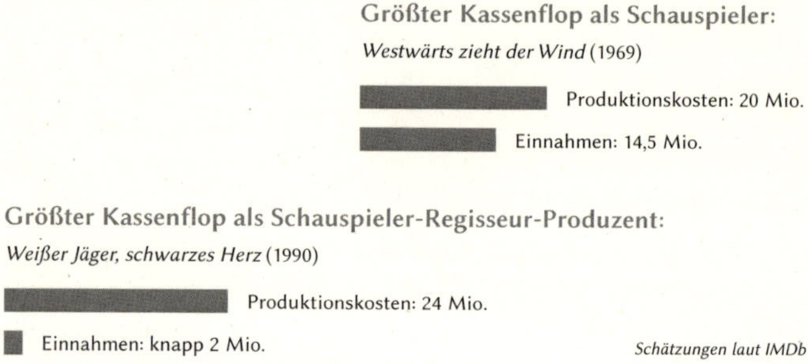

selbstredend lag dies auch im Interesse des ausdauernd finanziell denkenden Eastwood. Dazu auserkoren wurde *Rookie – Der Anfänger* (*The Rookie*, 1990).

Was für ein Irrtum. Denn selten sieht man in einem seiner Filme so wenig Beziehungschemie zwischen den Hauptdarstellern (Eastwood und Charlie Sheen). Noch peinlicher war die Besetzung des Pärchens, das dem laut Drehbuch deutschen Autoschieberring vorsteht, mit Raúl Juliá – kein US-Filmschauspieler war um 1990 mehr hispanisch als er – und der Brasilianerin Sônia Braga. Eastwood exekutierte routiniert das aus Action-Versatzstücken zusammengeschusterte, unlogische Drehbuch. Leicht zu übersehen ist, dass allen Figuren etwas verlorengegangen oder für sie nicht mehr erreichbar ist. Die Frau, die Liebe, der Lebenstraum, auch die Gegenwart (Pulovski restauriert alte Motorräder). Unter all der Lautstärke von Explosionen und Verfolgungsjagden liegt Trauer.

Trauer, aber noch viel größere, tiefere und erbarmungslos traumatische, war der *basso continuo* seiner nächsten Arbeit, die ihm einen enormen Ansehenssprung und die ersten Oscars bescherte. *Erbarmungslos* (*Unforgiven*, 1992) ist eine Zäsur in seinem Schaffen. Zugleich einer seiner größten Filme.

Alles ist dunkel, dreckig, schmutzig. Der Rest ist Illusion. Und ausgeträumt. Mit beiden Händen packt Eastwood den Mythos »Western« und schlägt ihn wie ein nasses Handtuch gegen einen toten Baumstumpf. Immer wieder. Bis nichts mehr vom Mythos da ist, nichts von Glorie oder Größe. Sondern nur noch Geister, Leere, ausgeweidete Legenden.

Geisterhaft ist es, ein »Abbruchunternehmen« (Kurt Scheel). Und am Ende der wohl größte Geister-Western, den Eastwood gedreht hat. Und der finale Punkt hinter dem Westerngenre.

> Wenn ich mir einige der alten Technicolor-Western heute ansehe, dann finde ich sie scheußlich, viel zu hell ausgeleuchtet. Andererseits trifft in visueller Hinsicht ein Schwarzweißwestern wie *Faustrecht der Prärie* genau den richtigen Ton, wenn ich das so sagen darf. Bei *Erbarmungslos*, wie schon bei *Bird*, habe ich deshalb den Film so ausleuchten lassen, als würden wir in Schwarzweiß drehen. (Clint Eastwood)

So überlegt fiel kaum eine Besetzung des bei Castingfragen skrupulösen Eastwood aus. Er selber, extraschmal, als William Munny, Geist seiner eigenen blutigen Legende, der seiner inzwischen verstorbenen Frau zuliebe der Gewalt abgeschworen hatte und sich für Geld (eine Hure, der das Gesicht zerschnitten wurde, setzt eine Prämie auf den Tod des Mannes aus, der ihr das antat) und viel weniger Gerechtigkeit doch wieder dazu durchringt. Gene Hackman als brutaler Sheriff Little Bill Daggett. Eastwood konnte Hackman, der keine Gewaltfilme mehr drehen wollte, gewinnen, weil er ihm erläuterte, dass dieser Western Gewalt als zerstörerisch und unmenschlich zeige. Morgan Freeman als William Munnys bester, einziger Freund Ned Logan (der sofort zusagte, wollte er doch immer schon einen Western drehen). Und als English Bob Richard Harris. Der war gerade auf den Bahamas und saß vor dem Fernseher, es lief Eastwoods *Der Fremde ohne Namen*, da rief Eastwood an, um ihn für *Erbarmungslos* zu gewinnen. Später schilderte der Filmjournalist John C. Tibbetts ein Erlebnis mit dem irischen Schauspieler während eines Pressegesprächs, das er mit Clint Eastwood führte:

> Plötzlich gibt es Bewegung an der Tür. Richard Harris ist während der letzten Sätze [Clint Eastwoods] hereingekommen. »Hört ihr das?«, fragt er und zeigt scherzhaft ermahnend mit dem Finger auf Eastwood. Es wird still im Raum, nur das Brummen der Klimaanlage ist zu hören. Nach zwei Momenten sagt er: »Genau *das* hört man auf dem Set eines Eastwood-Films an jedem Tag – *nichts*! Er ist dermaßen gut organisiert. Es ist geradezu unfassbar, wie gut organisiert er ist! Und die Crew arbeitet seit Jahren mit ihm zusammen. Einer ist für die Kostüme zuständig – und ist mit ihm seit *Rawhide* zusammen. Alle wissen, was er will. Niemand muss laut werden. Er weiß genau, welche Einstellung er haben will. Mit ihm zu drehen, war eine der besten Erfahrungen meines ganzen Lebens.«

In George Stevens' *Mein großer Freund Shane* hieß es 40 Jahre vor *Erbarmungslos*: »There's no living with a killing. There's no going back from one. Right or wrong, it's a brand … a brand sticks. There's no going back.« Mit dem Töten kann man nicht leben. Die Narbe bleibt. Rückkehr gibt es keine. Paradies passé. Und das zeigt *Erbarmungslos*. Wie Gewalt alles überwuchert und erstickt. Wie sie einsam macht und isoliert. Am Ende reitet William Munny alleine fort, Big Whiskey verfluchend und allen Menschen darin drohend. Er verschwindet, wie es im Abspann heißt, irgendwo in Kalifornien.

Für *Erbarmungslos*, die Filmrechte hatte Eastwood viele Jahre zuvor erworben und liegen lassen, bis das Projekt ihm altersgerecht erschien, wurde Eastwood mit zwei Oscars ausgezeichnet: für den Besten Film und die Beste Regie; dazu kamen einer für den Besten Schnitt und den Besten Nebendarsteller (Gene Hackman). Er wurde von Kritik, Filmwissenschaft und Filmbranche in den Rang eines »auteurs« erhoben, eines Filmemachers. Seither wird sein Name in einem Atemzug mit Steven Spielberg und Martin Scorsese genannt. Der gewaltige Erfolg bei Publikum und bei Preisverleihungen ließ ihn auch selbst einer Jury präsidieren, 1994 jener der Filmfestspiele von Cannes. Durch die Oscar-Ehrung war Eastwood 63-jährig auf dem Höhepunkt und fühlte sich endlich von Hollywood anerkannt. Diese Genugtuung gab neue Arbeitsenergie. Nur wenige Tage nach der Oscar-Nacht stand er wieder vor der Kamera. *In the Line of Fire – Die zweite Chance* (1993) war eine Fremdarbeit, Eastwood nur Schauspieler, angeleitet von Wolfgang Petersen (*Das Boot*, 1981). In einer nicht für ihn geschneiderten Rolle. Die ihm aber geschmeidig anlag, einschließlich selbstironischer Bemerkungen:

LILLY (René Russo): »Wenn ich hier die Frauenquote erfülle, wofür stehst du dann?«

HARRIGAN (Clint Eastwood): »Mhmm … weißer, klavierspielender Heterosexueller über sechzig. Wir sind zwar nicht viele, zusammen aber sind wir mächtig.«

Es gab ein Duell mit einem psychopathischen Attentäter (John Malkovich). Es gab ein Wiedersehen mit einem Trauma. Es gab Spannung. Es war Entertainment.

Der nächste eigene Film war mehr. Bei *A Perfect World*, ebenfalls von 1993, nahmen Eastwood und John Lee Hancock (Drehbuch) die Regularien des Abenteuerfilmgenres: Ein Gefängnisinsasse bricht aus und wird von der Polizei verfolgt. Drehten aber alles in eine ganz andere Richtung. Ließen an ungewohnter Stelle Pausen zu, Abschweifungen und Vignetten. Sie schufen ungewöhnliche Situationen. Es ist ein Fluchtfilm, der sich Zeit nimmt. Das Team des verfolgenden Sheriffs ist in einem Camper eingepfercht. Ein Kritiker schrieb gar von einem neuen Genre, das Eastwood hier erfinde. Natürlich hat es etwas vom Western in sich. Die Guten verfolgen den Outlaw. Zudem spielt der Film in Texas. Aber zu vieles ist hier unsicher, am Kippen. Ganz kurz erfährt man, wann dieser Film spielt: im November 1963, in wenigen Tagen wird Präsident John F. Kennedy in Dallas, Texas, erwartet (wir wissen, dort wird er erschossen und die USA werden fortan ein anderes Land sein – eine subkutane Verknüpfung zu *In the Line of Fire*, in dem Harrigan (Eastwood) in Dallas Kennedys Personenschützer war).

Ein Mann liegt in einer Wiese, den rechten Arm hinterm Nacken. Er ist entspannt. Die Augen hat Butch Haynes geschlossen. Es herrscht vollendete Ruhe – eine der schönsten Auftakteinstellungen aller Eastwood-Filme. Das erste Bild in *A Perfect World*, das wir sehen, scheint ohne Rätsel zu sein. Am Ende wissen wir, dass es nicht so ist. Wie nahezu alles in diesem erstaunlichen Film mit erstaunlichen Stimmungs-

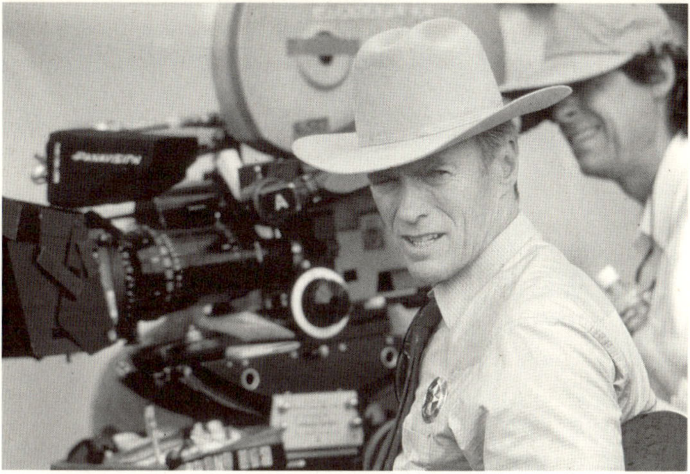

»It's rollin'«: Regisseur und Hauptdarsteller Eastwood bei den Dreharbeiten zu *A Perfect World* (1993)

wechseln. Zwischen Butch und dem Jungen, den er als Geisel gekidnappt hat, sprießt bald Sympathie. Aus Sympathie wird Zuneigung wird Freundschaft. Aus dieser Freundschaft wird eine Botschaft fürs Leben.

Es ist auch ein Film über Väter. Über abwesende, strafende und versagende. Red Garnett, Chief der Texas Rangers (Clint Eastwood), hatte einst Butch für einen Autodiebstahl in eine Jugendstrafanstalt einweisen lassen, um ihn zu bessern. Resultat: Butch wurde Berufsverbrecher. Gutgemeintes hat negative Folgen. Träume und Ermächtigung, Machtlosigkeit und Frustration, damit endet *A Perfect World.* Ausnahmsweise ist eine von Eastwood gespielte Autoritätsperson am Ende müde und ausgelaugt, hilflos muss Garnett das Töten mitansehen, das er verhindern wollte. Butch ist klug, einfühlsam, ironisch, hat einen ausgeprägten Sinn für Gerechtigkeit, und doch glimmt Zorn in ihm, blitzt Gewalt auf. Eine Glanzrolle für Kevin Costner. Das Studio versprach sich viel. Und war von 30 Millionen US-Dollar Einnahmen in den USA enttäuscht.

Und wer hätte das gedacht von Eastwood, gleich danach eine ergreifende Liebesgeschichte: *Die Brücken am Fluss* (*The Bridges of Madison County*, 1995). Wieder tritt Eastwood zurück, gibt Meryl Streep viel mehr Raum. Es ist nicht nur eine Geschichte über eine Frau und einen Mann, die sich verfehlen, immer wieder. Es ist viel stärker die Geschichte der Frau, die einer Phantasie begegnet, der Andeutung eines anderen Lebens. Es ist die Geschichte von Gesichtern, Gesten und Blicken; dass Eastwood einen Fotografen spielt, ist kein Zufall. Aber verschwinden muss Eastwood letzlich auch hier. Verlust, Trauer, Bereicherung, verpasste Chancen und geopferte Liebe. Und ein großer Erfolg. Beim Publikum. Und bei der Kritik.

Danach setzte eine Phase ein, in der Eastwood weiter Bestseller verfilmte. Mit wechselhaftem Erfolg.

War *Absolute Power* (1997) noch ironisch marmoriert, besonders Eastwoods Darstellung des Meisterdiebs, der bei einem Einbruch Zeuge wird, wie der US-Präsident (Gene Hackman) eine Sexgespielin ermordet, und exerzierte er darin bekannte Themen durch, Macht und Missbrauch von Macht, Einzelner versus Gesellschaft, so war *Mitternacht im Garten von Gut und Böse* (*Midnight in the Garden of Good and Evil*, 1997) nach einem *faction*-Buch John Behrendts, in dem skurrile Personen der Stadt Savannah in Georgia auftreten, trotz der guten Besetzung eine Fußnote in seiner Filmographie. Auf *Ein wahres Verbrechen* (*True Crime*, 1999), die Verfilmung eines Kriminalromans von Andrew Klavan, reagierte die Presse sarkastisch. »Sag, dass es nicht wahr ist, Clint. Bitte sagen Sie mir, dass dieser müde alte Mann, der sein müdes altes Ich durch einen müden alten Streifen spazieren führt, nicht der echte Clint Eastwood ist«, murrte Rick Groen von der *Globe and Mail* aus Toronto. Tatsächlich ist es eine Fehlbesetzung. Nicht nur, dass Eastwood wenig glaubwürdig einen Reporter namens Steve Everett spielt, nein, er will Don Juan sein, mit 69. Das Ganze – Everett will binnen 24 Stunden die Unschuld eines Mannes beweisen, der in der Todeszelle sitzt – ist klischeeüberladen. Everett, einst miserabler Ehemann und Vater, rettet eine heilige Familie (zudem endet der Film an Weihnachten). Was Eastwood verlockt haben dürfte, war die Konstellation von Fehlern und der Erlösung von diesen, die Aussicht, Anständiges zu tun, wenn alles ringsum verloren scheint.

»Everybody changes all the time.« – Ab den 2000er Jahren

Im neuen Jahrhundert dann das alte Muster: stetiger Wandel, stetige Veränderung. Und so war der Sprung von *Ein wahres Verbrechen* zum nächsten Film irritierend groß. Eastwood kehrte zu höherer Ironie zurück. Und landete mit *Space Cowboys* (2000) einen Hit. Einen Spaß von älteren Herren nicht nur für ältere Herren. Die vier Hauptdarsteller, Eastwood, James Garner, Tommy Lee Jones und Donald Sutherland (mit dem er 1970 *Stoßtrupp Gold* gedreht hatte), entwickelten eine sichtlich schöne Arbeitschemie. Das Vergnügen, das ihnen dieser Film machte – vier, Ende der 1950er Jahre ausgebildete Astronauten, denen einst der Flug in den Weltraum verwehrt worden war, werden 40 Jahre später ins All geschickt, weil nur sie einen außer Kontrolle geratenen, antiquierten Satelliten zu reparieren in der Lage sind –, springt über. Wieder gab es betrügerische Bürokraten, die politische Ränke spinnen. Diesmal in großer Dosis beigemischt: altersmilde Selbstironie. Sagte Eastwood einst (1983 in *Dirty Harry kommt zurück*) »Go ahead, make my day«, so hier: »I've got Medicaid, take your best shot«, ›Ich bin krankenversichert, gib dein Bestes‹, als er sich in einer Bar schlägern will. Der Erfolg bei Kritik und Publikum gab Eastwood recht.

Bei *Blood Work* (2002) dann wieder weniger. Terry McCaleb (Eastwood) war, bis er bei der Verfolgung eines Serienmörders einen Herzinfarkt erlitt und ihm ein neues Herz eingesetzt wurde, Profiler beim FBI. Die Schwester der Organspenderin kontaktiert ihn. Ihre Schwester wurde erschossen, der Täter nie gefasst. Sie bittet ihn zu ermitteln. Das macht er mit seinem Nachbarn, Buddy Noone, zusammen, der wie McCaleb auf einem Boot lebt und nichtsnutzig die Zeit totschlägt. Am Ende erweist sich die Konstellation als fatal. Brian Helgelands Skript ist keineswegs so schlecht, wie die Kritik meinte. Die schauspielerischen Leistungen sind fein. Eastwood tändelt ironisch mit Krankheit und Alter, Anjelica Huston, die Tochter John Hustons, ist eine gestrenge Ärztin, von Wanda De Jesus fliegen die Funken zu Eastwood, Jeff Daniels ist ein abgründiger Psychopath, gegen seinen üblichen Typ besetzt. *Blood Work* holte sich beim Publikum eine blutige Nase, wie ich meine: unverdient. Es markierte das Ende seiner romantischen Phase. Und den Übergang zu einer Phase von Tragik, Tod und Opfer.

In den folgenden sechs Jahren lotete Eastwood aus, wie Menschen auf Ungerechtigkeit reagieren, wie sie mit Verlust, Schmerz, Trauer umgehen.

Gleich auf höchstintensive Weise in *Mystic River* (2003), Auftakt einer der besten Phasen in Eastwoods Schaffen.

Düster. Viel zu düster. So das erste Urteil von Warner Bros. auf Eastwoods Vorschlag, Dennis Lehanes Psychothriller *Mystic River* zu verfilmen. Er machte es noch viel dunkler.

Drei Elfjährige spielen auf der Straße Hockey. Sie sehen eine Gehwegplatte mit frischem, noch nicht getrocknetem Beton, ritzen ihre Vornamen hinein: Jimmy, Sean, Dave. Zwei Männer tauchen auf, einer weist sich als Polizist aus, nimmt

Dave mit. Es sind Kinderschänder, die Dave vier Tage lang missbrauchen, bis er entkommt.

25 Jahre später ist Dave verheiratet, hat einen Sohn, ist Gelegenheitsarbeiter und schwerst traumatisiert. Jimmy hat Familie und betreibt einen Ecksupermarkt, war früher Kopf einer kriminellen Bande, mit der er immer noch verbandelt ist. Beide wohnen noch im irisch geprägten Arbeiterviertel in Boston, wo sie aufwuchsen. Sean ist FBI-Agent. Jimmys älteste Tochter wird ermordet in einem staatlichen Park gefunden. Woraufhin das FBI zuständig ist und Sean ermitteln muss. Am Ende gibt es Zorn, Destruktion und Schuld, die nicht vergehen wird. Dazu Selbsttäuschung und Verrat und zerbrochene Psychen.

Es sind großartige, intensiv interpretierte Rollen für Sean Penn als Jimmy und für Tim Robbins als Dave – beide erhielten jeweils einen Oscar und einen Golden Globe Award, der Film in Frankreich einen César. Von der männlichen Filmkritik unerwähnt gelassen, aber genauso beeindruckend: Marcia Gay Harden als Daves Ehefrau. Eli Wallach hat einen Kurzauftritt. 37 Jahre zuvor Tuco in *Zwei glorreiche Halunken*, ist er hier ein Ladeninhaber, der schildert, wie er vor Jahren von zwei (!) Halunken (!!) überfallen wurde.

Mehrere Male sollten Sie diesen Film ansehen. Beim ersten Mal des Plots wegen. Achten Sie beim zweiten Mal auf die Schauspieler, auf Sean Penns Mimik, auf Tim Robbins' Gang, der immer müder und schlurfender wird, auf Marcia Gay Harden, Daves Frau, wie sie sich schrittweise auflöst. Versuchen Sie beim dritten Mal, auf die mehrdeutigen Symbole zu achten, auf Hockeyschläger, Gully, die geschlossenen Räume, die fensterlosen Büros.

Wenn es eine Passionsgeschichte bei Eastwood gibt, dann *Million Dollar Baby* (2004). Darin spielt Hilary Swank die junge Maggie, die sich mit eisernem Willen buchstäblich nach oben boxt, vom Kellnerinnen-Job zur Faustkämpferin. Als Trainer will sie den alten Stoiker Frankie Dunn (Eastwood), der, nach einer Phase der Selbstüberwindung, in ihr eine Ersatztochter findet. Keine *success story* diesmal. Am Ende eine Tragödie voller Humanität, ein Martyrium, ein Drama der letzten Dinge.

> Man muss sich anschauen, wie Eastwood, der am Anfang kaum die Zähne auseinander kriegt, mit statuarischer Zurückhaltung durch diesen Film wandelt. Wie sein Gesicht, das im scharfen Schattenriss manchmal nur noch Schädel ist, aus der Dunkelheit hervortritt. Eine Skulptur der Härte, ein Panzer gegen die Affekte. Zu Beginn von *Million Dollar Baby* taucht seine Gestalt wie aus einer verschatteten Erinnerungslandschaft auf. Sie ist ganz gegenwärtig und doch schon Kinomythos, Teil einer Geschichte, die Morgan Freeman mit gelassener Schicksalsstimme erzählt. Die Boxhalle scheint eine Art Endbahnhof, betrieben von zwei Freunden, die vom Leben nicht mehr viel erwarten. Eastwood, der Boss, und Freeman, der Hausmeister, liefern sich knickerige Diskussionen über das beste Putzmittel und die Philosophie des Sockenlochs. Ihre Dialoge sind purer Jazz.
> (Katja Nicodemus)

Zwei Oscars gab es hierfür, für die Beste Regie, für den Besten Film des Jahres. Hilary Swank erhielt einen Oscar und einen Golden Globe Award. Und die endgültige Aufnahme im Film-Parnass.

Und wie so oft hatte Eastwood sorgsam registriert, was seit 1998 infolge des großen, von vielen Preisen gekrönten Erfolgs von Steven Spielbergs *Der Soldat James Ryan* (*Saving Private Ryan*) neuerlich gefragt war – der Kriegsfilm, die Auseinandersetzung mit dem Krieg. Mit seinem nächsten Projekt akzentuierte er dies eindrucksvoll. Eindrucksvoll anders.

> In den meisten Kriegsfilmen, mit denen ich aufwuchs, gab es Gute und Böse. Das Leben ist aber nicht so und der Krieg ist nicht so. Diese zwei Filme handeln nicht vom Siegen oder Verlieren. Es geht um die Wirkungen des Krieges auf Menschen, es geht um jene, die ihr Leben vorzeitig verlieren. (Clint Eastwood)

Diese Filme waren ein Diptychon: *Flags of Our Fathers* und *Letters from Iwo Jima* (2006). Zweiter Weltkrieg, die Schlacht um die winzige Pazifikinsel Iwojima. Geschildert aus amerikanischer Perspektive. Geschildert aus japanischer Perspektive. Doch es geht in *Flags* weniger um den Kampf (auch wenn die Kriegsszenen eindrücklich choreografiert und fotografiert sind), um Sterben und Heroisches, sondern um Propaganda, ein Lügenkonstrukt und eines der berühmtesten Kriegsfotos: wie US-Soldaten nach der gewonnenen Schlacht um Iwojima mit vereinten Kräften auf dem Berg Suribachi einen Fahnenmast aufrichten. Eastwood erzählt die Geschichte dreier junger Männer, die diese Bildikone in der Heimat als »Helden« propagieren und bei Werbeveranstaltungen vor Publikum nachstellen sollen, auch wenn mindestens einer von ihnen an der Entstehung gar nicht beteiligt war. Der Film zeigt, wie sie daran zerbrechen, wie sich kaum einer ihrer Lebensträume erfüllt, wie diese zerschellen. Im Pendant, mit japanischen Schauspielern gedreht, werden die Kämpfe in den engen Höhlengängen der Insel aus japanischer Sicht geschildert, Selbstopfer, Kriegsverbrechen, Humanität, Sehnsucht. Executive Producer bei beiden war Steven Spielberg, der den Zweiten Weltkrieg aus US-amerikanischer Perspektive in *Der Soldat James Ryan* (*Saving Private Ryan*, 1998) gezeigt hatte. Eastwood und Spielberg waren konsterniert, als *Flags of Our Fathers* in den USA an den Kinokassen floppte. Zu viel Melancholie? Zu gebrochen die Charaktere? *Letters from Iwo Jima* rettete durch hohe Einspielergebnisse außerhalb Nordamerikas, vor allem in Japan, das Investment.

Was Eastwood nach diesen Filmen wohl dazu bewog, *Der fremde Sohn* (*Changeling*, 2008) zu drehen? Sicher nicht die Rückkehr zu einem historischen Stoff. Vielleicht, dass es einer Horrorgeschichte ähnelt, da eine Familie schrecklichen Belastungen ausgesetzt wird. 1928: Christine Collins' Sohn, der achtjährige Walter, wird entführt. Mehrere Monate später findet die Polizei einen Jungen, der behauptet, Walter zu sein. Was Collins bestreitet. Die Polizei aber beharrt strikt darauf, lässt sie, die behauptet, es sei ein Kuckuckskind, ein »changeling«, in die Psychiatrie einliefern. Es geht neuerlich um Moral und Ethos, um Lügen manipulativer Autoritätspersonen und den Kampf um Beziehungen. In den Hauptrollen: Angelina Jolie als verzweifelte Mutter und John Malkovich als Pfarrer Gustav Briegleb.

Kehrte nach 20 Jahren Dirty Harry zurück? Man meint ihn zu Beginn von *Gran Torino* (2008) deutlich zu erkennen: im reaktionären pensionierten Ford-Arbeiter Walt Kowalski, der sich dem Verfall seines Wohnbezirks, eines Vororts von Detroit, und einer kriminellen Hmong-Gang nur mit Schusswaffen zu erwehren vermag. Wieder ist der Protagonist einsam, wieder Witwer, wieder allein, wieder wie so oft areligiös. Den Diebstahl seines Ford Gran Torino verhindert er. Den Dieb nimmt der Rassist unter seine Fittiche. Und muss realisieren, dass seine Versuche, die Gang einzuschüchtern, das Gegenteil bewirken, die Gewalt eskaliert. Am Ende gibt es einen Opfertod. Walt bringt sich todkrank dar, um Frieden zu bringen. Der erste »Obama-Film« sei es, der das Überwinden gesellschaftlicher Verwerfungen über Hautfarbe, Abstammung oder ethnischen Hintergrund hinweg zeige, so die Presse übereuphorisch zum US-Kinostart am 12. Dezember 2008, kurz nach Barack Obamas Wahlsieg. Eastwoods trockener Kommentar: »Ich wurde unter Hoover geboren.«

Mit dem nächsten Film schrieb Eastwood das Motiv von Heros und Heroischem weiter. Denn die Hauptfigur in *Invictus – Unbezwungen* (2009) ist der bekannteste reale Heros des späten 20. Jahrhunderts, Nelson Mandela. Eastwood erzählt, wie sehr Mandela, 1992 zum Präsidenten der Republik Südafrika gewählt, für die nationale Rugbyauswahl, die Lieblingsmannschaft des Lieblingssports der Weißen, eintrat: als Zeichen der Versöhnung. 1995 gewann das Team die Weltmeisterschaft. Und das ganze Land feierte. Unverstellt geht es darum, dass ein Land Helden braucht, dass Vergebung elementar ist, um Gräben zu überwinden. Mandela wird als moderner Heiliger gezeichnet. Unter der Hand lässt sich der Grundimpetus auf Eastwoods Heimat, die Vereinigten Staaten, übertragen.

Matt Damon, der Kapitän der Rugbymannschaft, war gleich wieder in Eastwoods nächster Arbeit zu sehen. War *Invictus* politisch und weltaußengerichtet, so *Hereafter – Das Leben danach* (2010) ganz innerweltlich. Es präsentierte drei Geschichten in einer, die sich erst am Schluss berühren. Ein Medium (Damon) ist seine Fähigkeiten leid und arbeitet lieber in einer Fabrik in San Francisco, denn seine Hellsichtigkeit hat

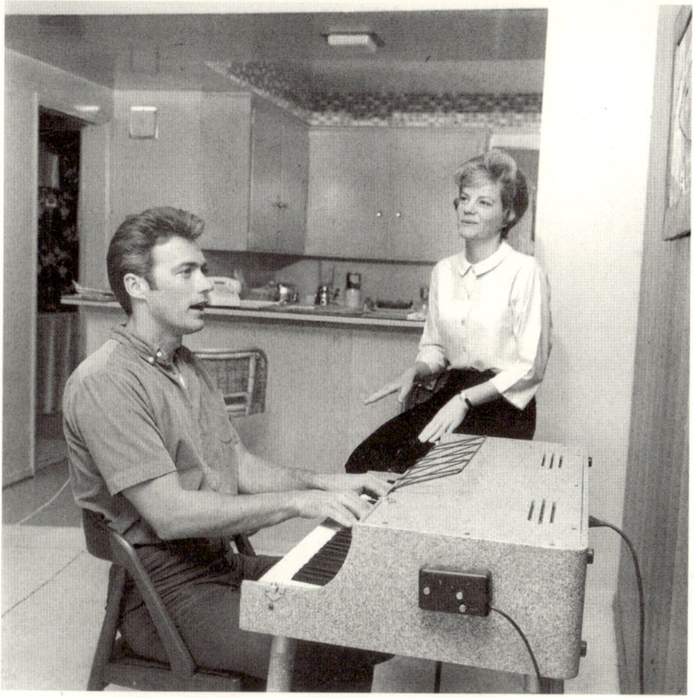

Eastwood mit Ehefrau Maggie, Klavier spielend und singend (1963)

bisher jede Beziehung zerstört. Cécile de France ist eine Pariser TV-Journalistin, die 2004 beim Tsunami in Indonesien eine Nahtoderfahrung gemacht hat und aus der Welt der Medien fällt. Der dritte Strang dreht sich in London um die Zwillingsbrüder Jason und Marcus. Jason wird von einem Auto überfahren und stirbt. Thematisiert werden Verlust, Vereinzelung, Trauerverarbeitung und Versöhnung mit sich, den Mitmen-

Eastwood und Familie

Clint Eastwood war zweimal verheiratet. Die erste Ehe endete 1984. Ein zweites Mal heiratete er 1996, die 35 Jahre jüngere Fernsehjournalistin Dina Ruiz. Die Ehe wurde Ende 2014 geschieden. Seither ist er bei öffentlichen Anlässen mit mehreren viel jüngeren Frauen zu sehen gewesen. Eastwood: »Es gibt nur eine Art, eine glückliche Ehe zu führen, und sobald ich weiß, wie es geht, werde ich wieder heiraten.« Er unterhielt zahlreiche Affären zumeist mit Schauspielkolleginnen, von denen die Beziehung mit Sondra Locke aufgrund bestimmter, von ihr juristisch reklamierter Unterhalts- und Anspruchsgesetze des Bundesstaates Kalifornien beiderseits hässlich endete. Mit sechs Frauen hat er acht Kinder; über weiteren Nachwuchs wurde medial spekuliert. Einige seiner Kinder traten in Eastwoods Fußstapfen, Kyle, geboren 1968, ist Jazzbassist, war in *Honkytonk Man* zu sehen und schrieb die Musik unter anderem für *Million Dollar Baby*,

schen und der Welt. Und dies frei von Sentimentalität und von konfessioneller Grundierung. Clint Eastwood:

> Es geht nicht um Okkultes, es geht um Spirituelles. Dieser Aspekt hat mich sofort fasziniert, als ich das Drehbuch las … ganz besonders, weil die Spiritualität überhaupt nicht mit Religion verknüpft ist, was einige Leute irritiert haben dürfte. Der Film stellt Fragen, aber er bietet keine letztgültigen Antworten.

Mystic River und *Invictus.* Alison, geboren 1972, ist Schauspielerin – ihre erste Rolle war an der Seite ihres Vaters 1979 in *Der Wolf hetzt die Meute* –, Regisseurin und Modedesignerin. Scott, geboren 1986, wechselte vom Modeln zur Schauspielerei und war in mehreren Filmen seines Vaters zu sehen wie 2017 auch in *Fast & Furious 8* (*The Fate of the Furious*). Auch Francesca Fisher-Eastwood, geboren 1993, schlug eine Schauspielerkarriere ein und war 2012 in der zehnteiligen Reality-TV-Serie *Mrs. Eastwood & Company* zusammen mit der damaligen Noch-Ehefrau Dina Ruiz Eastwood und Dinas Tochter Mona zu sehen, sehr zu Eastwoods Missfallen. Ende 2018 offenbarte sich bei der Premiere von Eastwoods Film *The Mule* mit Laurie Murray erstmals öffentlich ein neuntes Kind (die Kontaktaufnahme soll rund 15 Jahre vorher geschehen sein); 64 Jahre zuvor war sie von ihrer Mutter, die eine kurze Affäre mit Eastwood hatte, zur Adoption freigegeben worden, ohne dass er von Schwangerschaft und Geburt wusste.

Dunkles und Abgründiges behandelte dann die nächste Arbeit. Es war eine Studie über Pathos, Psychopathologie, Macht und Machtmissbrauch. Nicht aus der Perspektive eines Außenseiters. Sondern eines absoluten Insiders. *J. Edgar* (2011) ist nach der Titelfigur benannt, dem von 1924 bis zu seinem Tod 1972 amtierenden Direktor des FBI J. Edgar Hoover (Leonardo DiCaprio). Dieser brach reihenweise und regelmäßig Gesetze. Und war im Zentrum der Exekutivmacht ein ausgemachter Außenseiter: als sich nicht offenbarender Homosexueller und *crossdresser.* Nicht wenige Anspielungen auf Orson Welles'

Eastwoods größter Kinokassenerfolg: *American Sniper*

- Weltweite Kinokasseneinnahmen von *American Sniper*: 547,1 Millionen US-Dollar
- Bruttogewinn von *American Sniper*: 243 Millionen US-Dollar
- Erfolgreichster Kriegsfilm aller Zeiten: *American Sniper*

Citizen Kane (1941) gibt es. Auch dort ging es um Macht, die zu eigensüchtigen Zielen eingesetzt wird, um Manipulation, psychologische Defizite und die kaum bewusste Sehnsucht nach Reinheit. So wie sich der Multimillionär Kane als Sprachrohr des »Volkes« wider korrupte Politik inszenierte, so fühlt sich der FBI-Direktor Hoover als höchster Wächter der moralischen Sauberkeit eines ganzen Landes, als letzter Damm wider moralisch-sittliche Verkommenheit.

Was konnte nach so viel Politik folgen? Dem Vorgehen Eastwoods entsprechend etwas ganz anderes. *Back in the Game* (*Trouble with the Curve*, 2012) ist etwas anderes. Eine Familiengeschichte. Eine Vater-Tochter-Geschichte. In seinem Privatleben löste sich genau zu dieser Zeit seine zweite Familiengeschichte in nichts auf. Clint Eastwood:

> Ich habe mich schon immer für Familien interessiert, die bis dato unbekannte Dinge über ihre Angehörigen herausfinden. Ich wollte, dass sie diese Menschen kennenlernen, dass sie erfahren, was sie durchgemacht haben.

Für diese eher altmodische Geschichte durchbrach Eastwood seinen bei *Gran Torino* gefassten Entschluss, nicht mehr als

Schauspieler aufzutreten. Es war etwas fürs Herz, etwas für die Moral, etwas Familienzusammenführung.

Jersey Boys (2014) ist ein Film, der trotz gutem Presseecho mit am leichtesten ausgelassen werden kann. Man fragt sich, weshalb Eastwood darauf verfiel, dieses Broadway-Musical zu verfilmen. War es der Erfolg beim Theaterpublikum? War es, weil er hier etwas Zivil-Heroisches wahrnahm, den Mythos von Aufstieg und Erfolg und Krisenbewältigung?

Am deutlichsten ist dieses Sujet in jenem Film herausgearbeitet, den er gleich danach drehte und der der kommerziell erfolgreichste Film seiner Karriere wurde: *American Sniper* (2014). Fußend auf der Autobiographie des Texaners Chris Kyle, höchstdekorierter Scharfschütze der US Army, war *American Sniper* ein »Ambivalenzmonster«, so die *Süddeutsche Zeitung*. Oder ein verstörend heroischer Canto auf einen Soldaten, der in vier Einsätzen während des Irakkriegs 160 Menschen erschoss, auch Frauen und Kinder? Kyle (Bradley Cooper, sonst eher als Film-Sonnyboy gecastet) kehrt ruhmreich, aber traumabehaftet zurück, will dies nicht zugeben, findet keinen Halt mehr, stirbt am Ende durch fremde Hand. Das reale Vorbild kam selber 2013 durch Gewalt ums Leben, durch eine Kugel.

> Dieser Sniper ist ja eigentlich eine degenerierte Form des Revolverhelden, und das Problem bestand, glaube ich, darin, dass Clint Eastwood ein klassischer Erzähler ist, was dazu geführt hat, dass sein Film die Perspektive dieses Schützen übernommen hat. Der Film hat sich sozusagen mit ihm identifiziert, statt die Perspektive zu brechen. Man muss aber auch sagen, wer sich mit seinen Helden in die uramerikanische Gewalt- und Kriegsgeschichte stürzt,

der nimmt eben auch das Risiko auf, von dieser Gewalt auch mal aufgesogen zu werden. (Katja Nicodemus)

Der Film will auf dem nicht vorhandenen Grat von Kriegs- und Antikriegsfilm balancieren, ist auf amerikanische Weise pathetisch, auch wenn er ehrenwert gebrochene Figuren zeigen will, weil Leitplanken der Aufklärung und der politischen Einordnung fehlen (dabei gut gespielt). Vielleicht, ja wahrscheinlich nur von Amerikanern richtig zu goutieren – sechs Oscar-Nominierungen unterstrichen dies. Eine eher befremdlich-abstoßende Revision seiner melancholischen Kriegsfilme *Flags of Our Fathers* und *Letters from Iwo Jima*.

Der nächste amerikanische Held hatte keine Waffe. Er hatte ein Flugzeug. *Sully* (2016) wurde Eastwoods global drittumsatzstärkster Kinofilm (241 Millionen US-Dollar; auf Platz zwei *Gran Torino* mit 270 Millionen US-Dollar). Kein Wunder, machte doch einige Jahre zuvor die Landung eines mit über 150 Passagieren besetzten Personenflugzeugs auf dem Hudson River in New York gewaltige Schlagzeilen – denn es gab nicht einen einzigen Toten bei diesem hochriskanten Manöver. Der Flugkapitän Chesley Sullenberger wurde zum nationalen Heros. Und sein Buch, das Eastwood mit Tom Hanks in der Hauptrolle verfilmte, zum Bestseller. Der (gute) Ausgang ist dramaturgisch somit bekannt. Und doch gibt es 96 Minuten lang Spannung, in den Psychen, zwischen den Personen. Natürlich gibt es den Aufstand eines Einzelnen wider eine scheinbar übermächtige Autorität. Aber ist es nicht auch ein Film über Eingekapseltsein? Auffällig oft spielt die Handlung in geschlossenen Räumen: in Flugzeugkabine, Hotelzimmer, Haus, Besprechungsraum, Verhandlungssaal, Bar. Sully/Hanks joggt fast nur nachts. Eigentlich kreist der gesamte Film um das, was

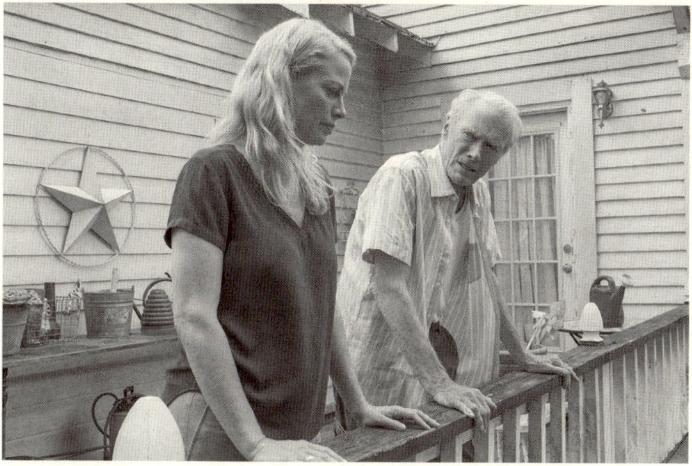

Eastwood gemeinsam mit Tochter Alison in *The Mule* (2018)

dramaturgisch zentral eingeklagt wird: den »menschlichen Faktor«.

Dabei gibt es nur zwei taktile Berührungen. Einmal wird Sully nach der Bergung von einer Passagierin umarmt, das zweite Mal von einer bewundernden Hotelangestellten im Hotelflur. Sofort fragt er: »Was war das denn?« Mit seiner Frau telefoniert er nur. Nie sieht man sie gemeinsam. Dass er nach dem Abschluss der Untersuchung der Flugaufsichtsbehörde gegenüber seinem Ko-Piloten extra betont, es als »Team« geschafft zu haben, zeigt, wie isoliert er sich im Grunde fühlt, und wie verunsichert. Als jemand, dessen Existenz, vom neuen beruflichen Standbein als Berater bis zum mit Hypotheken belasteten Haus, auf einer waghalsigen Sekundeneingebung beruht. Aber natürlich sah das amerikanische Publikum, vielleicht erst recht Eastwood, in dieser Geschichte eine heroische Traumatherapie.

Hanks ist als Sully außerordentlich zurückgenommen. Es ist diese Fragilität, denn simpel macht es Eastwood schließlich nicht (und technisch legte er hier die Latte noch höher, er drehte erstmals nur mit IMAX-6-K-Kameras der allerneuesten Generation, der ARRI Alexa 65, die bei Nah- und Großaufnahmen eine größere Tiefenschärfe bringt), die es spannend macht. Erst im Abspann, in dem man den echten Sullenberger pathetisch salbadern sieht und hört, wird es schief.

Eastwoods nächster Film geriet viel kleiner. *The 15:17 to Paris* (2018) ist neuerlich eine »wahre Geschichte«. Drei Mittzwanziger, Freunde von Kindesbeinen an und beruflich bei verschiedenen Truppenteilen der US-Army gelandet, unternehmen eine Tour durch Europa. Im Thalys-Zug von Amsterdam nach Paris überwältigen sie am 21. August 2015 einen islamistischen Attentäter und werden dafür vom französischen Staatspräsidenten mit Orden ausgezeichnet (die Szene ist im Film mit François Hollande nachgedreht). Wieder ist es die Konstellation »*homo americanus* in außergewöhnlicher Situation – und wie er heroisch reagiert«. Kein Wunder, dass der langsame Film den Erlös von 57 Millionen US-Dollar, die Produktionskosten betrugen 30 Millionen, an den Kinokassen zu rund 60 Prozent in den USA plus Kanada generierte. Was in diesem *faux-cinéma-verité*-Film fehlt, ist *suspense.* Man kann diesen unauffällig fotografierten Film drehen und wenden, wie man will – es bleibt ein kleiner. Die Volte, die Rolle der Soldaten mit den echten Anschlagsverhinderern zu besetzen, bringt keine Authentizität.

Im Sommer 2018 drehte Eastwood den hochgelobten, atmosphärisch relaxten *The Mule*, vielleicht sein bester seit *Gran*

Torino, mit einem glänzend aufgelegten Cast (unter anderem Dianne Wiest, Bradley Cooper und Laurence Fishburne). Das spiegelte sich auch in rund 175 Millionen US-Dollar Einnahmen an den Kinokassen weltweit. Erstmals seit *Back in the Game* stand er wieder vor der Kamera. Der 88-Jährige spielte – wieder nach einer »wahren Geschichte« – einen 90-jährigen Tagliliengärtner, einst Soldat im Koreakrieg, der kurz nach dem Jahr 2000 pleitegeht und aus Geldnot beginnt, für das mexikanische Sinaloa-Kartell Drogen in die USA zu schmuggeln (als so genannter Muli, englisch: *mule*), geschnappt und verurteilt wird – die Haftstrafe akzeptiert er aus tiefster sozialer Verantwortung für sich und für andere.

Auf Verantwortung und Heroismus griff Clint Eastwood bei seinem jüngsten Regie-Projekt 2019 zurück, *Richard Jewell*, erneut eine wahre Geschichte, diesmal die eines buchstäblich gebrochenen Helden. Jewell, 1996 Wachmann bei den Olympischen Spielen in Atlanta, USA, entdeckte dort eine Rohrbombe, wurde medial fälschlich als Täter diffamiert und kämpfte bis zu seinem Tod 2007 mit 44 Jahren juristisch um seine Reputation.

Clintessentials

Ich bin ein Geschichtenerzähler, sagte Clint Eastwood von sich. Und definierte im Dezember 2016 seine eigenen Ansprüche so: »Ich schaue mir bei einer Geschichte zunächst an, welche Hürden der Held überwinden muss, welchen Konflikt gibt es, und vor allem: Würde ich den Film selbst ansehen wollen?« Wie häufig bei ihm, klingt das pragmatisch und eher antiintellektuell. Was es nicht ist. Denn sein Vorgehen ist reflektiert. Das zeigen die zahllosen Binnenspiegelungen an Motiven, Figuren, Themen und Einstellungen in seinem Gesamtwerk, man vergleiche nur das erste silhouettenartige Bild in *Erbarmungslos* von 1992 mit dem in *Ein Fressen für die Geier* von 1970. Sehr stark reflektieren seine Filme Neurosen, Männlichkeit und Gewalt, komplexe Einfachheit und zerbrechende atavistische Klischees, wiedergefundenen oder überkommenen Heroismus, die Kluft zwischen dem Einzelnen und der Legende. In großer Variationsbreite.

Und noch mehr prägte ihn der absolute Wille zur Kontrolle. Seiner selbst. Wie seiner Filmpersona. Clint Eastwood wusste, was er wollte. Und welche Persona er wollte. Er nahm sie seit 1970 selber in die Hand. Als Schauspieler-Regisseur-Produzent. Mit nur wenigen Regisseuren außer Don Siegel,

Abgelehnte Rollen

1970 James Bond, *Diamantenfieber* (*Diamonds Are Forever*, Regie: Guy Hamilton, Besetzung: Sean Connery)
1973 Charley Varrick, *Der große Coup* (*Charley Varrick*, Regie: Don Siegel, Besetzung: Walter Matthau)
1978 Superman, *Superman* (Regie: Richard Donner, Besetzung: Christopher Reeve)
1978 Captain Willard, *Apocalypse Now* (Regie: Francis Ford Coppola, Besetzung: Martin Sheen)

mit dem ihn (so etwas wie) eine Freundschaft verband, arbeitete er zusammen. James Fargo und Buddy Van Horn gehörten zum Malpaso-Zirkel. Nur Michael Cimino verstand es, einen etwas anderen Eastwood zu zeigen. Eastwood verbannte Philip Kaufman bei *Der Texaner* nach wenigen Tagen; und Blake Edwards feuerte er bei *City Heat*. Was, wenn Eastwood mit großen Regisseuren zusammengearbeitet hätte, die ihn gefordert, herausgefordert, die ihn an und über Grenzen geführt hätten?

Die Ökonomie des Drehens an sich führte zu großer, anhaltender Unabhängigkeit. Nie war ein Flop so groß, dass er zu einem Halt des nächsten Drehs führte. Andererseits zu etwas, das der Filmhistoriker David Thomson auf den Punkt brachte:

> Der am stärksten ausgeprägte Zug von Eastwoods Härte und seine größte Limitiertheit als Leinwanderscheinung ist sein Unwille, seine Bauchentscheidungen zu überstimmen. Wenn es sich für Clint richtig anfühlte, war es für einen Re-

gisseur sehr schwer, noch mehr *takes* zu machen. Außerdem gibt sein brüskes Verhalten in den Filmen manchmal das Gefühl, dass er sich nicht darum schert, auch nur einen Moment zu lang über einen Moment oder eine Situation nachzudenken, sondern sie einfach abarbeiten will.

Indirekt bestätigte Eastwood das Instinktive seiner Arbeitsmethodik:

> Als Regisseur versuche ich immer, dass jeder etwas zur Party mitbringen darf, ich versuche, nicht dermaßen voreingenommen zu sein, dass ich kreative Ideen anderer von vornherein ausschließe. Viele Schauspieler haben wunderbare Vorschläge, weil sie sehr tief über ihre Figur nachgedacht haben.

Was ist das Rätsel der Persona »Clint Eastwood«? Ist es ein Mysterium, dessen Kern eine filmische Illusion ist? Ist, was ihn zum Star machte, dass es immer etwas Ungewöhnliches in fast jeder Rolle gab, das der Erläuterung und des Nachdenkens bedurfte? Doch prallen Interpretationen nicht ab von der harten Schale dieser monolithischen Erscheinung, des letzten großen Klassikers Hollywoods?

Eines aber ist auffällig: Nicht eine von Eastwoods Figuren eignet sich zur Identifikation. So schreibt der Filmkritiker Gerhard Midding:

> Clint Eastwood, die amerikanische Ikone, ist niemals Ich. In meinen dunkelsten und dümmsten Augenblicken mag ich mich mit seinem Blick, mit seiner Pistole eins fühlen, aber was darüber hinausgehen soll, bricht sich an seiner Erschei-

> nung. Und gerade da tritt, als letztes Paradox des ikonischen Spiels, noch etwas ganz anderes hervor: ein wirklicher Mensch. Clint Eastwood ist *der andere.*

Mainstream zu sein und dabei hochgradig manipulativ, indem er seine Star-Persona demontierte, kaum zu zerstören und gebrochen, fragmentiert und verletzlich, diese eigentlich unüberbrückbaren Gegensätze vermochte Eastwood zu überwinden. Er brachte den Traum auf die Leinwand, dass der Einzelne sich über moraljuristische Bedenken und eine behäbige, politisch manipulierbare Bürokratie erheben und nach seinem eigenen Leitgesetz agieren kann. Die Folge sieht man in allen seinen Filmen: Einsamkeit.

> [Clint Eastwood] war ein Schauspieler, bevor er eine Ikone wurde, und er war eine Ikone, bevor er Regisseur wurde. Immer war ihm dabei bewusst, was ein Star tun muss, um seine dramatischen Möglichkeiten auszuloten und dabei die Erwartungen des Publikums nicht zu enttäuschen. Indem er gegen das Stereotyp spielte, indem er das Schaf im Wolfspelz entdeckte, vermied er eine einfache Einordnung und konnte so immer wieder von der dominanten Persona, die sich entwickelt hatte, abweichen. (Jim Kitses)

Im Jahr 2008 bekannte er dem Magazin *Sight and Sound*: »Jeder verändert sich ständig. Ich hoffe sehr, ich auch.« Und fügte hinzu: »Mich hat immer gewundert, dass Leute wie Billy Wilder [er drehte seinen letzten Film im Alter von 75 Jahren und starb 21 Jahre später] und Frank Capra [Capra drehte seinen letzten Film mit 67, er starb 27 Jahre später] so früh zu arbeiten aufhörten. Ich denke, das Alter kann die besten Jahre umfassen … solange man willens ist, sich zu ändern. Die Welt ändert sich, und man selber muss sich entsprechend anpassen.«

Einer der poetischsten Dialoge findet sich in einem seiner besten, in einem meiner Lieblingsfilme, in *Der Texaner*. Lakonisch ist das, prägnant und, ohne es zu ahnen, das folgende Halbjahrhundert filmischen Schaffens von Clint Eastwood beschreibend (und so lakonisch und prägnant nur auf Englisch):

LONE: »They won't miss you. Maybe they'll forget you.«
JOSEY WALES: »You know there ain't no forgettin'.«

Lektüretipps

Arnold, Frank / Esser, Michael (Hrsg.): Dirty Harry. Don Siegel und seine Filme. München 2003.

Cornell, Drucilla: Clint Eastwood and Issues of American Masculinity. New York 2009.

Eliot, Marc: American Rebel. The Life of Clint Eastwood. New York 2009.

Engel, Leonard (Hrsg.): Clint Eastwood. Actor and Director. New Perspectives. Salt Lake City 2007.

– (Hrsg.): New Essays on Clint Eastwood. Salt Lake City 2012.

Garofalo, Marcello: Tutto il cinema di Sergio Leone. Mailand 1999.

Hughes, Howard: Aim for the Heart. The Films of Clint Eastwood. London / New York 2009.

Indick, William: The Psychology of the Western. How the American Psyche Plays Out on Screen. Jefferson, NC / London 2008.

Kapsis, Robert E. / Coblentz, Kathie (Hrsg.): Clint Eastwood: Interviews. Jackson, 1999.

– (Hrsg.): Clint Eastwood: Interviews. Revised and Updated. Jackson, Miss. 2013.

Knapp, Laurence F.: Directed by Clint Eastwood. Jefferson, NC / London 1996.

McClelland, Richard T. / Clayton, Brian B. (Hrsg.): The Philosophy of Clint Eastwood. Lexington, 2014.

Midding, Gerhard / Schnelle, Frank (Hrsg.): Clint Eastwood. Der konservative Rebell. Stuttgart 1996.

Rebhandl, Bert (Hrsg.): Western. Genre und Geschichte. Wien 2007.

Seeßlen, Georg: Western. Geschichte und Mythologie des Westernfilms. Marburg 1995.

– Clint Eastwood. Eine amerikanische Ikone. Berlin 2015.

Sterritt, David: The Cinema of Clint Eastwood. Chronicles of America. New York 2014.

Die in diesem Buch verwendeten Zitate von Clint Eastwood entstammen Zeitungs- und Zeitschriften-Interviews in: Kapsis/Coblentz: *Clint Eastwood: Interviews* und Kapsis/Coblentz: *Clint Eastwood: Interviews. Revised and Updated.*